おうち ネット ショップ®

おうちネットショップ専門家
株式会社be Giver代表取締役
山本祥輝
Yoshiki Yamamoto

版

目次

第2章 おうちネットショップをオープンする（準備編）

～物販経験ゼロでも「BASE」があればカンタン

第3章

おうちネットショップをオープンする（ショップデザイン編）

～あなた好みのセンスのよいショップを作ろう

第4章

おうちネットショップを運営する（基本編）

～わくわくドキドキの仕入れにも心強い味方が

編集協力　株式会社アッシュ・宮坂敦子・小泉まみ
本文デザイン・DTP　株式会社アッシュ
イラスト　矢田ミカ
イラストAC（2、4、28～30、33、169～170、200頁のみ）
カバーデザイン　渡邊民人（タイプフェイス）

※本書は2021年4月現在のシステム等をもとに解説されています。
システム等は変更される可能性がありますのでご注意ください。

はじめに

場所や時間に制限されずに好きなことで働く毎日を——

今、「おうちネットショップ」に興味を持ってこの本を手に取ってくださったあなたは、「物販経験なし」「副業経験なし」「ＩＴ初心者」かもしれません。

「私でもできるかしら」と心配されているかもしれませんが、大丈夫です。「おうちネットショップ」はそんな人たちにも成功の可能性があり、しかもリスクがとても低い手法です。あなたと同じように最初は未経験者だったＯＬさんやママさんたちが、大きな結果を出しています（本書のコラムで成功ママさんのインタビューを収録していますので、ぜひご覧ください）。

私はこれまで、アメリカで成功しているネットビジネスのスタイルを学んだり、海外のマーケティングのプロフェッショナルに直接アドバイスを受けたりしながら、日本では新しい手法、高いレベルの結果を出すことができる手法を取り入れ、自らも実践してきました。

そして現在では、「日本初のおうちネットショップ専門家」として、おもにオンラインセミナーでネットショップの開業や運営、集客の伸ばし方といったノウハウを指導しています。「おうちネットショップ」とは、個人が在宅で運営するネットショップのこと。私が考えた造語です。興味を持っていただいた方からは「なんだか楽しそう」「私にもできそう」とご好評をいただいています。

本書は、「おうちネットショップ」運営を成功に導くレクチャー本です。

「場所や時間に制限されずに、好きな場所で好きなときに、好きなことで働くことができるライフスタイルがほしい」

「育休後に、うまく仕事復帰できるか不安、家でできる仕事を探している」

「大切な人をずっと守れるような収入がほしい」

「好きなところに旅をしながら仕事をしたい」

「ダンナさんに頼らなくてもいい程度の安定した収入がほしい」

こうした女性たちに、「おうちネットショップ」はぴったりなビジネス。なぜなら、

・現金は不要
・在庫を持たないので在庫リスクなし
・お金をかけずに無料で売れるネットショップが作れる
・PC1台で好きなときにできる（子育ての合間でもできる）
・自分の興味がある分野でネットショップを作ることができる

・うまくいかなくても赤字にならずにリスクが少ない

これが「おうちネットショップ」。だから、子育てママさんや女性で副業を考えている人にはとても相性がいいのです。

最初にお伝えしておきたいのは「おうちネットショップ」は数万円単位の副業的なビジネスではありません。目指すところは1カ月あたりの利益が30万円以上、本業レベルの収益です。

もちろん、開店ホヤホヤでいきなり30万円の収益達成は難しいです。

「えー、簡単にうまくいくって言ってくれないの？」とガッカリした方もいるかもしれませんね。

でも、生徒さんからは「それなりに手間をかける必要がありますよ」「カンタンです、すぐにできますと私は言いません」と最初にハッキリ言ってくれたからこそ信用できた、ついてきて良かったとおっしゃっていただけているので、ここでもハッキリ言います。

生徒さんを見ていると、早い方でオープンしてから3カ月で少しずつ、売上アップの兆しが見えてくる方もいます。6カ月でようやくじわじわと伸びてくる方もいます。さらに、オープン半年で月間利益50万円以上を達成し、2店舗目を出店した方、1年後に月間利益200万円を達成した初心者ママさんもいます。

本書でご紹介している成功ママさんも、最初は戸惑ったこともあったと言います。でも時間をうまく使いながら本気で取り組むことで、ちゃんと自分のショップを成長させています。

「おうちネットショップ」の良さについて、皆さんが共通して話してくださるのは「出勤せずに在宅で好きな時間に仕事ができる」「子育て優先の生活ができる」「楽しみながら仕事ができる」ということ。これらはもしかしたら、あなたが今「なりたい」と思っている自分の姿ではないでしょうか。

これからひとつひとつ、「おうちネットショップ」で成功する秘訣をお教えしていきます。本書を読み終えたあと、あなたの中でネットショップオーナーというの未来の姿が見えたら、コンサルタントとしてこんなに嬉しいことはありません。

おうちネットショップ専門家　山本祥輝

第1章

おうち
ネットショップって
なんだろう？

～20代から40代の
子育てママさんにピッタリ

おうちにいながら自分の好きな時間に運営していける「おうちネットショップ」。やってみたい！と思ってくださった方も多いのではないでしょうか。ここではおうちネットショップの概要をお話しします。「物販経験ナシ」「ネットショップがどんな仕組みなのかそもそもわからない」という初心者さんも多いかと思いますので、まず、**大手のネットショップはどうやって開設されているか、一般的に個人のネットでの物販はどのように行われているか**を説明したあと、「おうちネットショップとの違い」を解説します。

長く安定した収益が得られる自分のネットショップを作る

ベンチャー企業で身を削って働くも、会社の事情で夢が頓挫?!

仕事と育児の両立に悩んでいるママさん、ネットショップ経験者ながら売上が上がらなくて困っている人など、「おうちネットショップ」に興味を持ってくださる方はいろいろ。チャレンジして、コツコツと努力を重ねながら新しい人生を切り拓いていく姿を見ていると、**「『おうちネットショップ』は誰かの人生を大きく変えてあげられるんだ」、そう実感することが何度もあります。**今は「おうちネットショップ」を教えていくことが自分に与えられたミッションなんだ!と強く思っています。

じつは、かつては私も、副業としてネットショップ・ビジネスを始めて、苦労した経験があります。その頃、たくさんの試行錯誤から得たノウハウの集大成が、これからお教えする在宅で仕事ができる「おうちネットショップ」です。

その前に、ちょっと自己紹介をしましょう。

思い起こせば、「副業」に初めてチャレンジしたのは、中学生のときでした。スマートフォンなんてない時代です。いわゆる「ガラケー」に自分のサイトを作り、アフィリエイトを使って初月5000円という利益を出しました。

アフィリエイトとは、自分のブログやホームページなどに広告バナーを貼り、それを見た人が購入したら、広告主からブログやホームページの持ち主に報酬が支払われるという仕組みです。自分が考えたことがお金になるという楽しさは、このとき初めて知ったのかもしれません。

高校時代には、友人から集めた壊れたゲーム機を修理して、ヤフーオークションで売りました。ただでもらったゲーム機なので資金はゼロ円、10万円ほどの売上はまるまる利益となり、とても嬉しかったのを覚えています。

大学時代にも、アマゾンを利用してネット物販にチャレンジしました。たしか月間利益10万円ぐらいは出しました。

就職先は当時のベンチャー企業、中古品のリユースをする通販会社でした。その頃、20代後半で起業したいという目標を持っていたので、早期に役職につくことを期待しながら入社したのです。勢いのあるベンチャー企業なら、若くして役職について、マネジメントも学べるだろうと期待していました。

今振り返ると、そこはブラック企業でした。朝から夜遅くまで仕事にしばられ、休暇も取れない。一人暮らしでアパートと職場だけを往復する日々。それでも「起業」という目標を支えにがんばって働き続けました。

就職して1年、いよいよ役職に推薦されることになりました。ところが、会社の上場のタイミングで人事制度の変更があって狙っていた役職が撤廃に。「ベンチャー起業に入社→早々に役職についてマネジメントを学ぶ→独立して起業」の夢はあえなく頓挫。思い描いていたビジョンが見えなくなってしまいました。

そのとき思ったのです。「いつか人生最後の日が来て後悔はないって言えるのか？」と。もし人生がゲームだったとして、クリア率100％のように、いろいろな経験をして自分の人生を「生ききった」と納得して死にたいなと思ったのです。

「来週旅行に出かけたい」と思ったら、いつでも行けるようなライフスタイルを手に入れたい。好きなときに好きな場所で、好きな人と好きな仕事ができるような自由な人生を送りたい。そんなイメージが私の中でどんどん膨らんでいきました。

メルカリの規制で収益がゼロに！　長期的に安定した収益を出すには？

送りたい生活を実現させるためにはどうしたらいいんだろう？　考え続けた末、会社での昇進はさておき「副業で成功して起業する！」という目標に切り替えました。

最初に取り組んだのは、売りたい人と買いたい人をマッチングさせるフリマアプリ「メルカリ」を使って、中国輸入によるレディースアパレルや雑貨を販売することでした。

給料にゆとりはなかったので、仕入れ金不要の無在庫の方法を探しました。初月は数万の利益でしたが、どんどん売上が伸びていきました。仕事に追われて運営にあてる時間もなかったので、一部の作業を外注化することにしました。

インターネット上で仕事を発注するクラウドソーシングを取り入れ、翌月には15万円、さらに翌月には30万円になりました。自分がリーダーとなり組織として仕事を回していく面白さを実感し、今なら起業できるとその年の秋に退職しました。メルカリ副業を始めて半年後には月利１００万円を達成しました。

それと同時に、**昔の私のようにくすぶっている人の役に立ちたい、サポートした**

いという思いが強くなり、メルカリ副業のかたわら、ネット物販のオンラインプログラムを始めました。

一人、とても印象に残るＯＬの生徒さんがいます。すでに中国輸入のレディースアパレルを有在庫で販売しており、私のオンラインプログラムの参加をきっかけに、メルカリでの中国物販の無在庫販売に切り替えたのです。すると月間利益50万円を達成、会社を辞めて起業することになりました。

ちょうどその頃、メルカリにはシステムを悪用して盗品の転売や違法な高額出品を行う不正出品者が参入するようになりました。その対抗策として２０１６年12月に大規模な規制強化が行われます。

これは不正業者を排除するために仕方がない方策だったのでしょうが、彼女はおそらく誤解されてしまったのでしょう。違法な販売はしていなかったのに、突然アカウントが停止され収益がストップ。当時アドバイスをしていた私は、彼女を不幸にしたのではないかと強い責任を感じました。

たとえ３カ月で月間利益１００万円を達成しても、半年後に収益ゼロとなってしまっては、ビジネスが成功したとは言えない。「最大瞬間風速」ではなく、長期的に安定した収益を得られなければ、私の教えには価値がない——そう思いました。これは今でも肝に銘じています。

このときから、メルカリ・Ａｍａｚｏｎ・ヤフオクといった他の土俵を借りたビジネスの収益では、規約変更や理不尽なアカウント停止などを受けて、自分の収益が突然ゼロになってしまうかもしれない。これでは会社やパートを辞めて独立をしても、メルカリやＡｍａｚｏｎ、ヤフオクという会社に雇われているのと変わらず、自由になれないと気づきました。

「資金が少ない個人でもできる」

「〝在庫を持たない〟など、リスクを最小限に抑えられる」

「自分の好きな分野でチャレンジできる」

「長期的な成功が見込める」

「ＩＴ・物販初心者でも成功できる再現性が高い」

そんなネットショップ・ビジネスの仕組みを作るために、さまざまな学びと実践を繰り返し、私自身も失敗をすることで、「おうちネットショップ」の手法にたどり着きました。

「おうちネットショップ」がOLさん、主婦、子育てママさん向きの理由

女性の視点が生かせるレディースアパレルが相性バッチリ

ネットショップのオンラインプログラムを始めた当初は、サラリーマンから起業したいと思っている男性の生徒さんもいましたが、**今は20代から40代の子育て世代のママさんが中心**です。**私の生徒でも、子育ての合間におうちネットショップを行い、正社員以上の収益を上げているようなママさんがたくさんいます**。開業半年で月間利益40万円の専業主婦の方、月間利益60万円や100万円を実現した子育てママさん、月間利益150万円を達成したフリーターの女性もいます。彼女たちは決してビジネス経験が豊かなわけでもなく、フリマアプリさえ未経験という方もいました。それなのに、こんな驚きの成果を挙げているのです。

彼女たちの成功例を見ていると、「おうちネットショップ」にとても相性がいい商

材は「レディースアパレル」や「女性が好きな小物雑貨」などだとわかってきました。理由は簡単、成功する方はふだんからファッションに興味があってショッピングが好き。私ならこんなものがほしい、ここは譲れないなど、リアルな視点があります。ネットショップ経営では、扱う商品を自分に引き寄せて考えられる感性がとても大切です。

また、女性にはもともとギブ(与えること)やホスピタリティ(もてなし)の心が備わっているように思います。お客さまへの連絡などにちょっとした心づかいのある言葉を添えるだけで、商品の満足度プラスアルファでお客さまの心をつかむことができるのです。

何より、おうちネットショップは家にいながら仕事ができるというのがママさんたちに合っています。小さいお子さんがいても、お昼寝タイムや幼稚園、小学校に送り出したあと、最低限の家事を済ませてすぐに仕事が始められます。2時間あるから商品をリサーチしてみようとか、今のうちにこれだけ発注しておこうとか、時間を見つけて集中して作業ができるので、忙しいママさんにぴったりです。

また、パソコン1台あればどこでも作業ができるのも、おうちネットショップのメリット。出先で時間ができたときや、旅行をしながら仕事をしている人もいます。

万が一、引っ越しをすることになっても仕事を辞めたり新しく探したりする必要はまったくなし。**おうちネットショップなら、生活の変化に振り回されず、ずっと続けていける**のです。

寂しい子どもと、仕事と育児の板挟みで苦しむママさんを応援したい

おうちネットショップにチャレンジしたいという、あるママさんがこんなことを言っていました。

「できるだけ子どもと一緒にいたいなと思っているけれど、仕事に出かけなければならないし、いつも後ろ髪を引かれるような思いをしているんです」

ふと、この言葉が自分の幼い頃の体験と結びついていることに気づきました。私の父親は和食の料理人で飲食店を経営していたのですが、浮き沈みが激しく家計はいつも火の車。母親がパートに出て家を支えていました。だから、小さい頃は学校から帰っても誰もいない「鍵っ子」として育ちました。休日も両親は働いていたので、いつも家ではひとりぼっち。ママさんの言葉を聞いて、子どもの頃の悲しい気持ちがよみがえったのです。

母親も子どもも一緒にいたいと思っているのにできないということは、両者にとってつらいことです。「外で就業時間にしばられて働くお母さんを持つということは、私みたいな寂しい子どもがたくさんいるということなんじゃないか」。そう思いました。

また、子育てと仕事を両立させようと思っても、女性は出産によって仕事のキャリアが途中で分断されてしまいがちです。いざ育休を終えて現場復帰するにもさまざまな障害があります。「子どもを預けられる保育所がない」、運よく保育所があっても「送迎の時間にしばられて仕事が中途半端」など、子育て、仕事、どちらにも集中できずに苦しんでいるママさんたちは今も多いですよね。

でもおうちネットショップなら、そんな状況を解消してあげられるかもしれない。

「自分の人生に何か制限を感じている女性が、自分の好きな人生を自由に選択できる社会を作りたい」

「過去の自分のように本当にやりたい人生が歩めていないと悩む人に対して、自分のビジネスを持ち、自分の思う人生を歩んでほしい」

そんなミッションを感じて、子育て世代のママさんや、女性を中心に教えていこうと決意しました。

「おうちネットショップ」とはどんな仕組みのビジネス？

資金もいらない、在庫も抱えない、梱包・発送の作業もなし

これまでのネットショップは、アマゾンや楽天市場、ヤフーショッピングなどの**「モール型」といわれるネット通販のシステムを利用させてもらって商品を出品するのが主流**でした。

これは大手百貨店や商業ビルの中に入っている「テナント」をイメージしてもらうとわかりやすいかもしれません。そこでショップ用のスペースを借りるために、出店料や販売手数料、決済手数料など高いお金を支払って営業するわけです。

アマゾンも楽天市場もヤフーショッピングもその知名度の高さから、多くの人がアクセスしてくれるので集客の心配はいりません。ただしお客さまが多ければ、それに伴って出品者も多くなります。同じような商品がたくさん並ぶこともあり、競合に

勝つためには価格を下げないと買ってもらえないということが起こります。

商品を仕入れるためには、大きな資金が必要です。お客さまの購入にすぐ応えられるよう、在庫を揃えておかなければいけないからです。洋服だったら色やサイズ別に取り揃えると大量の在庫となります。家の一部屋を商品の段ボールが占拠してしまう、さらに発送のための梱包材料もいっぱい、なんてことになってしまいますよね。もし商品が売れなければ、在庫の山はイコール「赤字」ということです。

商品が売れたら、次は梱包をして郵便局や宅配センター、コンビニなどへ持ち込んで発送作業をしなければいけません。忙しい毎日なのに、売れるたびに梱包し発送するのは大変です。

また、先ほどお話ししたように「システムを持っている側の運営ルールが変わること」で、収益に影響が出てしまうこともあります。自分の努力とは関係ないところで、売上が良くも悪くもなるというのは困りますよね。

こうしたお話をすると、「ネットショップ運営って大変！」、そう思うかもしれませんが、安心してください。

「おうちネットショップ」は資金もいらない、在庫も持たない、梱包・発送もしなく

ていい、そしてどこのシステムにも依存しない新しい形のネットショップ・ビジネスです。

BASEでショップ開設、中国物販サイトの商品を出品して売れたら注文

「資金もいらない、在庫も持たない、梱包・発送も必要なしって、どういうこと？」と不思議に思われるかもしれません。それが叶うのが、**中国の大手物販サイトを利用する方法**です。

私がおすすめするのは、中国トップクラスの商品数、10億点以上を扱っている「タオバオ」と、商品価格が圧倒的に安い「アリエクスプレス」です。

では、「おうちネットショップ」のプロセスを簡単に説明しましょう。詳しくは第2章以降で解説します。

① ネットショップ作成サービス「BASE」で、ショップを開設

まず、オンライン上にあなたのショップを作りましょう。利用するのはネットショップ作成サービスの「BASE」がおすすめです。登録料、月

額費用が無料、ショップデザインの有料テンプレートも手頃な値段で、初期費用が低く抑えられます。

まずアカウントを作成し登録。デザインテンプレートを使っておしゃれなショップデザインを作れば、開店準備は整います！

② 中国物販サイト「タオバオ」や「アリエクスプレス」から商品を選び、ネットショップに出品

あなたのショップ・コンセプトに合う商品をタオバオやアリエクスプレスから選びましょう。どちらも日本と価格差がある、利益が出やすい商品が数多くあり、収益を出すための仕入れ先としてベストです。中国のサイトですが、中国語がわからない個人でも取引できる方法があります（第4章で詳しくお伝えします）。また、何億点も商品の種類があるので、あなたの好きな分野でネットショップができます。

選んだ商品画像をパソコンに取り込んで、商品の説明、金額を決めて、ＢＡＳＥ上のあなたのショップに出品します。

③ 商品が売れたら、中国物販サイトに発注し、お客さまへ直接発送

商品が売れるとＢＡＳＥからお知らせ通知が届きます。売れた商品を中国物販サイトに発注し、お客さまへ中国から直接商品を発送してもらいます。

資金なしでも運営できる秘密は、物販専用のクレジットカード

ネットショップをオープンさせる準備段階として、通常ならまず商品を仕入れなければいけませんね。そのためには、購入資金が数万〜数十万円は必要となります。でも、おうちネットショップは中国物販サイトを利用した通販モデルです。仕入れはせず、商品が売れてから発注と支払いをするシステムなので、最初の資金はゼロ円でも大丈夫です。

この方法を成立させるマストアイテムが「クレジットカード」です。

仕組みを簡単にお伝えすると、**在庫を持たない状態で、商品が売れた売上金から仕入れ金を払います。クレジットカードを使うことで、支払いを売上金が口座へ振り込まれるタイミングよりあとにできるので、現金はいらないという仕組み。**そのため、現金はいりません。

私の生徒さんで、6カ月で月間利益300万円を達成した、物販未経験の初心者ママさんがいます。その方は**今でも現金を一切使わずに、クレジットカードだけで運用をしています**。今までクレジットカードで運用してトラブルなどは一切起きていません。「現金不要、クレジットカードだけ」と聞くと不安になられる方もいるかもしれませんが、どうぞご安心ください。

ネットショップを実際にオープンさせたあと、初めて、BASEから「商品が購入されました」というお知らせがきたときは、思わず「やった〜！」と声が出てしまうでしょう。そして、「もっと出品してみたい」とワクワクするはずです。

「おうちネットショップ」をオープンさせて、運営していくのに、必要なものはパソコン1台とネットショップ専用のクレジットカードだけ。あなたがすることは、パソコンを操作して、出品、注文、支払い、あとはお客さまへの連絡です。

それでは、「おうちネットショップ」の運営法を、次の章から具体的にお教えしていきます。

COLUMN 1

ビジネスは“大切な人へのプレゼント”と同じこと

皆さんはこれから、ネットショップというビジネスを成功させたいと思っているでしょう。ではそもそも、ビジネスってなんでしょう？

「む、ムズカシイ……」と思いましたか？

答え＝**ビジネスはお客さまを幸せにするための行為です。主役はお客さまで、われわれはサポーターにすぎません。**お客さまが行きたい未来があり、ネットショップにおいては、モノを通してそこへ行かせてあげる、その対価としてお金をもらっているのです。

ビジネスと考えるとどうしてもお金のことばかりに頭が行きがちですが、「大切な人へのプレゼントと同じ」、これが基本です。相手が喜んでくれれば、その見返りとしてお金をいただける。そう考えると、すべきことがシンプルに見えてきませんか？

だから、自分が好きなものを並べました、というだけのネットショップでは、お客さまが置き去りです。「どうやったらお客さまが幸せになれるかな」「何をあげたら幸せになれるかな」。そんな考えで運営していくと、ひいてはそれが成功につながるのです。

プレゼントをするときって、相手のことを最初に考えて、どうやったら喜んでくれるか、何をほしがっているか、場合によってはヒアリングもしたりして、性格とか好みとかも加味して、選ぶと思います。

ネットショップも一緒です。まず、お客さまがどういう人なのかを理解して、そこから商品リサーチをして、出品して、ほしいものを、ほしい価格で、ほしいタイミングで売れば間違いなく売れるんです。めちゃくちゃシンプルです。

でも、「お客さま」という観点が抜けて、ほしいものを出品できていないとか、ほしい価格でないといったことが起きてしまうと、結局は〝売れない〟ネットショップになってしまいます。ぜひ基本を忘れず、成功を目指してください。

第2章

おうち ネットショップを オープンする（準備編）

～物販経験ゼロでも
「BASE」があればカンタン

おうちにいながらにして自分一人で運営して収益を出せるのが**「おうちネットショップ」**です。

昔なら資金をかけなければネットショップはオープンできませんでしたが、今はネット環境の進化で、資金がなくても在庫を持たなくてもリスクを負わずに、**おうちにいながらにしてネットショップが作れる時代**になりました。

この章では、実際におうちネットショップを開くために必要な準備をお伝えします。読みながら進めれば物販経験初心者のあなたでも大丈夫です。

成功のポイントもあちこちでお話ししていますのでお見逃しなく！

ネットショップ作成サービス「BASE」でラクラク開店準備

個人でも、物販経験がなくてもネットショップが開ける

今までは、ネットショップを開業できるのは、ほとんどが実店舗を持つオーナーさんや企業でした。個人でネットショップ・ビジネスをするというと、ヤフオクやメルカリなどで不用品を売ったり、手作りが得意な人はハンドメイド作品をネットで売ったりといったところ。

それが今では物販経験のない個人でも、ネットショップにチャレンジする方がたくさんいます。ネットショップ・ビジネスの裾野はどんどん広がり、個人で利用できる便利なサービスがリリースされて、誰でも簡単に参入できる時代になりました。

私の生徒さんの中には「メルカリやヤフオクで不用品を売ったことがある」という人もいますが、「アルバイトすらやったことがない」という物販経験ゼロの方もた

くさんいらっしゃいます。

でも、さまざまなネットショップ・ビジネスサービスを利用して、戦略を立てて運営することで、月間利益30万円以上をあげている方がたくさんいらっしゃいます。

ぜひ、あなたもチャレンジして、月間利益30万円を超えるネットショップオーナーの仲間入りをしてください。

それでは、実際にネットショップをオープンするためにはどんな準備が必要か、順々に説明していきましょう。

ネットショップを作成するためにはいくつか方法があります。

おもな方法はこちら。

①自分でホームページ作成ソフトなどを利用して作る
②プロのウェブデザイナーに依頼する
③ブログを活用して商品を紹介する
④初心者向けのネットショップ作成サービスを利用する

まず、①～③はおすすめできません。①はかなりのITスキルが必要となります。②は、企業がネットショップをオープンする際にとることが多い方法ですね。つまり、価格も会社レベル。最低でも数十万円はかかってしまうでしょう。

③はブログの中で物販を行うという手法ですね。ただ、ブログを書くのに必要な「ブログサービス」（例：アメーバブログ、ライブドアブログなど）の中には、ビジネス目的の商用利用を禁止しているところもあります。ドメインの取得やSSL、TLSといったデータを暗号化する仕組みを自分で設定しないといけないことも多く、初心者には手続きが難しいといえるでしょう。

私が個人でネットショップをオープンするときにおすすめしているのは④の**「ネットショップ作成サービス」の利用**です。近年、急速にネットショップ業界が成長していることもあり、たくさんのサービスが誕生しています。

たとえば、「カラーミーショップ」「ショップサーブ」「Make Shop（メイクショップ）」「Shopify（ショッピファイ）」等々。ネット広告などで見たことがあるという方もいるかもしれませんね。最近はテレビCMでもおなじみの「BASE」や「STORES」も、充実したサービス内容で急成長しています。

ネットショップ作成サービスのおすすめは「BASE」

どこにしたらいいか、迷っちゃいますよね。

それぞれ、初期費用、月額費用、販売手数料、クレジットカード手数料などに差があるので、比較して検討する必要があります。そんな中でも、私は「BASE」をおすすめしています。

ネットショップ作成サービス「BASE（ベイス）」
https://thebase.in

BASEは日本におけるネットショップ作成サービスの先駆けです。2012年からスタートし、個人がオープンさせるお店だけでなく、企業が運営するお店でも利用されています。自治体の行政などでも使われ、全国で利用者が急増、2021年3月にはBASEを利用して開設したネットショップが全国で140万件を突破したそうです。

BASEをおすすめする理由は、次の点があります。

・フリマアプリのように簡単に使いこなせるシステム
・初期費用／月額費用無料。手数料は売れたときだけ。売れない間はずっと無料
・決済システムの利用も無料で複数用意されている
・50種類以上の設定の拡張機能（BASE Apps）の利用が可能
・ショップデザインができる無料のデザインテーマが豊富。アップデートも速い
・有料のデザインテンプレートはさらにハイレベル。サブスクリプション（定期的に料金が発生する）ではなく、初回のみの買い切り制で、値段は数千円からと負担が少ない
・Facebook（フェイスブック）、Instagram（インスタグラム）、Twitter（ツイッター）といったSNSサービスとの連携機能があるので、自分のショップを知ってもらう宣伝効果が高い

まず何よりも操作が簡単というのがいいですよね。これから開設方法をお伝えしますが、実際にやってみるとあっという間で驚くはずです。

開設にかかる初期費用ゼロも嬉しい点ですよね。初心者がネットショップをスター

トするときの心配事トップは、「いったいどのくらい最初にかかるの?」だろうと思います。まだ何も結果が出ていない、これから結果を出せるのかわからないときに、お金がかかるのは大きなストレスで、不安ですよね。

仮にオープンしてからしばらくの間は売上がなかったとしても、売れない間はずっと経費がかからなければ、プレッシャーはないのではないでしょうか?

なお、**商品が売れたときは、決済手数料、サービス利用料、また売上を引き出すときの振込手数料や事務手数料がかかります**。詳しくは第4章でご紹介します。

BASE代表取締役CEOの鶴岡裕太さんが、このようなネットショップ作成サービスを開発したきっかけは、婦人服のお店を経営するお母さんの「ネットショップをやってみたい」という一言からだったといわれています。

パソコンやインターネットが苦手な人が、他にもたくさんいるのではないか。そんな人たちがネットショップを簡単にオープンできるような操作にしないといけないという鶴岡さんの思いは一貫していて、どんなにいい機能でも、操作が難しいものは採用しないそうです。

開店準備1
BASEアカウントを作成する

ネットショップオープンの最初のステップはほんの10分！

それでは、ＢＡＳＥを利用するための「アカウント」を作成しましょう。アカウントとは、サービスを利用するための権利で、ショップオーナーを特定するための会員登録です。登録作業はスマートフォンでもできるのですが、操作のしやすさから、パソコンをおすすめします。

それに先立って、インターネットブラウザの「グーグルクローム」をインストールしておいてください。もちろん、他のインターネットブラウザを使っても良いのですが、のちに発生する作業を行うときにグーグルクロームにある機能を使うと便利です。

グーグルクローム
https://www.google.com/intl/ja_jp/chrome/

それでは、BASEにアクセスして新規登録しましょう。

1 ショップURL・メールアドレス・パスワード

メールアドレスは、ふだんよく使うパソコンのアドレスにしましょう。

おそらく、「ショップのURLって何にすればいいの？」と手が止まってしまうと思います。

ショップURLは、この段階では仮だと割り切って、何を入れておいてもかまいません。あとで変更できるので、たとえばご自分の名前やニックネーム、売りたい商品と関連づけた言葉など、3文字以上の英語や数字などを入れましょう。そのあとに続く「thebase.

in」はそのまま利用することにしておいて大丈夫です。

パスワードを入れ、利用規約、プライバシーポリシーを読んで同意したら、「新しいショップを開く」をクリックします。

たったこれだけの作業で完了です。このあと「アカウントメール認証の手順」が出てきます。

先ほど登録手続きのところで入力したメールアドレスに、ＢＡＳＥからメールが届いているはずです。指示に従って認証をすると登録完了です。

2　運営に関する情報の設定

次に、「運営に関する情報の設定の記入をお願いします」という画面が出ます。

・特商法

正式には「特定商取引法」といいます。店舗に並ぶ商品を直接手に取って購入するのではなく、インターネット上で商品を購入する場合は、売り手と買い手、お互いの顔が見えない取引となります。特商法とは、あなたが何者であるかを、消費者に対し

て正しくオープンにしないといけないという法律です。

トラブル防止のために、お客さまと連絡が取れるように、あなたの情報を表示して問い合わせができるようにしなければいけないのです。

入力する箇所は、まず個人か法人を選びます。ほとんどの方が個人でしょう。名前は免許証や健康保険証など身分証明書と同じ、戸籍上の名前をフルネームで書いてください。ニックネームや、主婦の方が選びがちな「旧姓」も今のところ認められていません。

・住所

住所は必ず本人確認書類（免許証など）と同じ正しい住所を入力してください。もし嘘の住所を書くと法律違反となり、BASEからはアカウントの停止やページの非公開という処分を受けることになります。

もし、**自宅の住所や電話番号を公開したくない方**

は「バーチャルオフィス」という有料のサービスを利用する手があります。これは実際に部屋を借りるのではなく、実在する住所（だいたいが一等地）のみを借りて、そこに仮のオフィス機能を持つことができるサービス。ＢＡＳＥにも提携している、おもにウェブショップ運営者向けのバーチャルオフィスサービスもあり、月額１０００円程度で利用できます。バーチャルオフィスは全国のあちこちで急増しているので、利用したい方は調べてみると良いでしょう。なお、あなたのネットショップ宛の連絡がきちんとあなたへつながらなくてはいけないので、**電話や郵便物の転送サービスが利用できるところが条件となります。**

・事業者の連絡先（電話番号）

連絡のつく電話番号を入力し、電話番号の認証をしておきましょう。認証済みのマークが表示されると、ここはちゃんとしたショップだという証明になります。

もし、実際の電話番号を公開したくない場合、たとえばこんな方法があります。

０５０ ｐｌｕｓ

https://www.ntt.com/personal/services/phone/ip/050plus.html

これはあなたのスマートフォンで050から始まるIP電話の番号が使用できるサービスです。月額基本料300円（税別）で別途パケット通信料が発生します。

公式アプリをダウンロードしておくと、着信があったときにアプリから着信のお知らせが届くシステム。「これはショップ関連の電話だ」とわかって便利です。事業者の連絡先電話番号には、ここで取得した050の番号を記入してもかまいません。

・その他（営業時間、定休日）

ネットショップの場合、営業時間や定休日は厳密である必要はありません。たとえば、あなたに別の本業があって実際にネットショップに作業できるのは19時～21時までだとしても、正直に短い時間帯を書いてしまうとサイトを訪れたお客さまが「このショップは片手間でやっているんだな」「この時間しか対応してくれなくて大丈夫だろうか」と不安になってしまいます。

そのため、たとえば「9時～17時」「土日定休」のように、ショップとして機能していることが伝わるよう、常識的な営業時間を入れておきましょう。

・販売価格について・代金（対価）の支払方法と時期

この欄は、あらかじめ記入されている例文のままでかまいません。

・役務または商品の引渡時期

配送依頼後、どのくらいで発送できるかの表示です。これはご自分のネットショップの事情に即して、可能な日程を記入してください。あとからでも変更できます。

・返品についての特約に関する事項

ここもあらかじめ記入されている例文のままでかまいません。

このあと、「保存する」をクリックして完了です。

BASEで利用できる、7種の決済システム

3　決済方法の設定

もし、あなたが自分でイチからネットショップを作ろうとしたら、決済代行会社に申請し、審査を受けて決済システムを導入しなければいけません。

個人が審査に通るにはかなりハードルが高いのですが、**BASEは「クレジットカード決済」「銀行振込」「コンビニ・Pay-easy決済」「キャリア決済」「PayPal決済」「後払い決済」「Amazon Pay」の7種類を提供してくれています**。BASEが仲介者となることで、決済の信用性が高まるため、個人でもスムー

ズに申請することができます。

BASEではこれら7種類をまとめて「BASEかんたん決済」と呼んでいます。

ここは7種とも選択してください。よく知らない決済方法はやめておこうと思うかもしれませんが、ネットショップのお客さまにとっては支払いの選択が多いほど便利で、買い物しやすく感じます。

それぞれを解説していきます。

・クレジットカード決済

ネットショッピングの決済手段として最も多く選ばれている方法ですね。お客さまがお買い物をするときは、自分のカード番号を記入し、代金が後日引き落とされます。

・銀行振込

購入が決定しお客さまが指定口座に代金を振り込

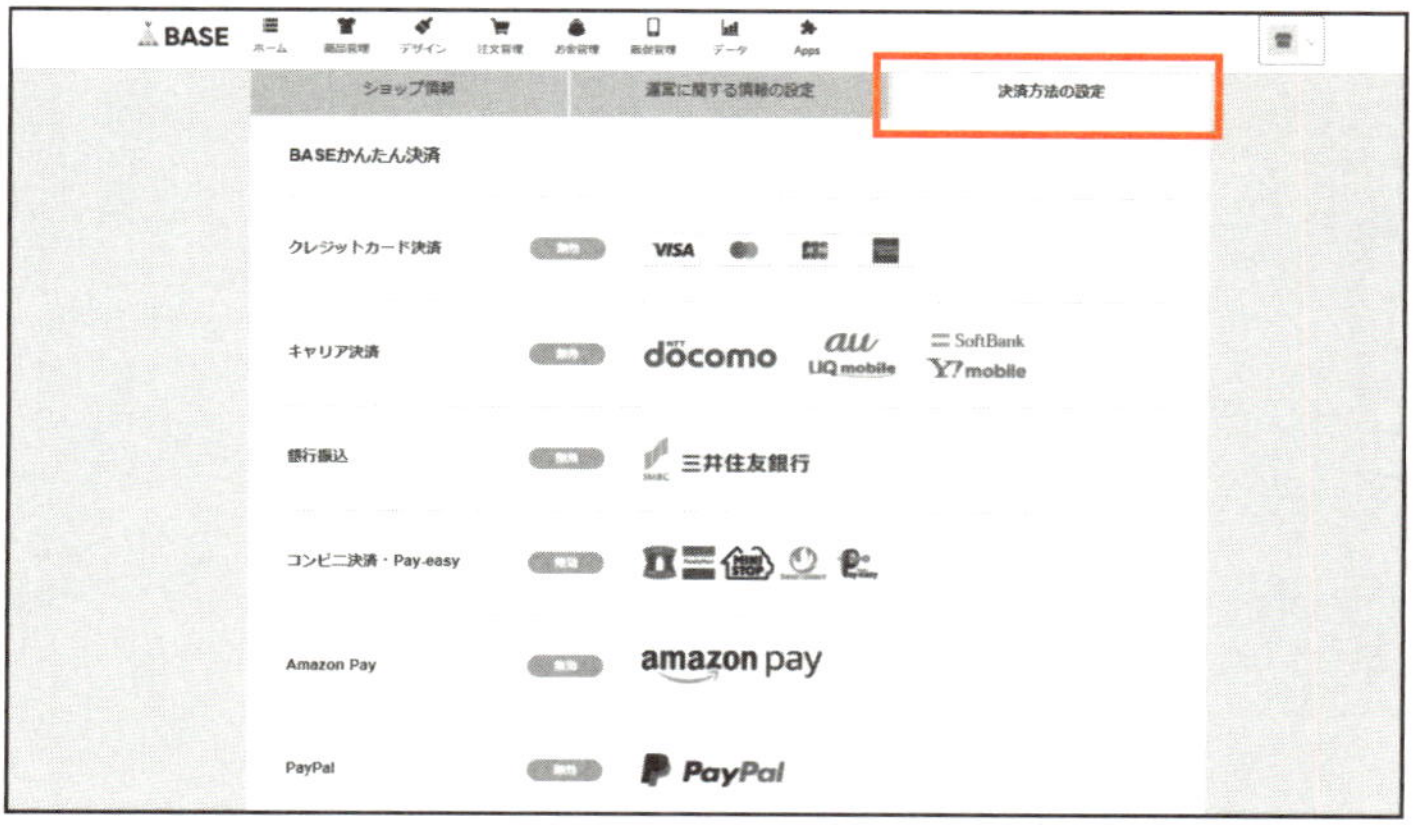

んでくれると、ＢＡＳＥから入金完了の連絡が来ます。わざわざ銀行に行って記帳したり、口座の履歴を調べたりしなくてもいいので、とても便利です。

・コンビニ・Ｐａｙ－ｅａｓｙ決済

商品購入後にお客さまに決済の受付番号がメールで送られ、コンビニの端末を経由してレジやＡＴＭで支払う方法です。

・キャリア決済

ドコモやａｕ、ソフトバンクといった携帯電話やインターネット回線などの利用者が、通信料金と一緒に商品代金を支払う方法です。

・ＰａｙＰａｌ決済

ペイパル社がショップとお客さまの間を仲介し、ＩＤとパスワードの入力だけで安全に決済できる方法です。

・後払い決済

商品がお客さまに届いてから、コンビニや銀行、郵便局などで代金を支払ってもらうシステムです。「商品を先渡しして、支払いが後で大丈夫？」「そのまま持ち逃げされないの？」と心配することはありません。**商品がお客さまに届いた時点で、売上**

が立ったものとみなし、BASEがあなたの口座にお金を振り込んでくれます。お客さまからの支払いが遅れている場合は、後払い決済の集金代行業者が、支払いを促してフォローするので、私たちが未回収の心配をする必要はないのです。

ネットショップのお客さまの中には、クレジットカードを持っていないなどの理由から「後払い決済」が慣れているという方もいます。少し不安だったけれど、導入してみたら売上が上がったというショップオーナーさんも多いです。

・Amazon Pay

Amazonの利用者が、Amazonアカウントに登録されているクレジットカードと住所情報を利用して、商品代金を支払うことができる方法です。

あとから変更もOK！ まずは登録完了まで一気にGO！

さあ、ここまでくれば完了まであとひと息、「ショップ設定」に入ります。迷う箇所もあるかもしれませんが、あとから修正ができます。まずは基本的なことだけ入力して、登録を完了させましょう。ここでは迷いそうな箇所のみ解説します。

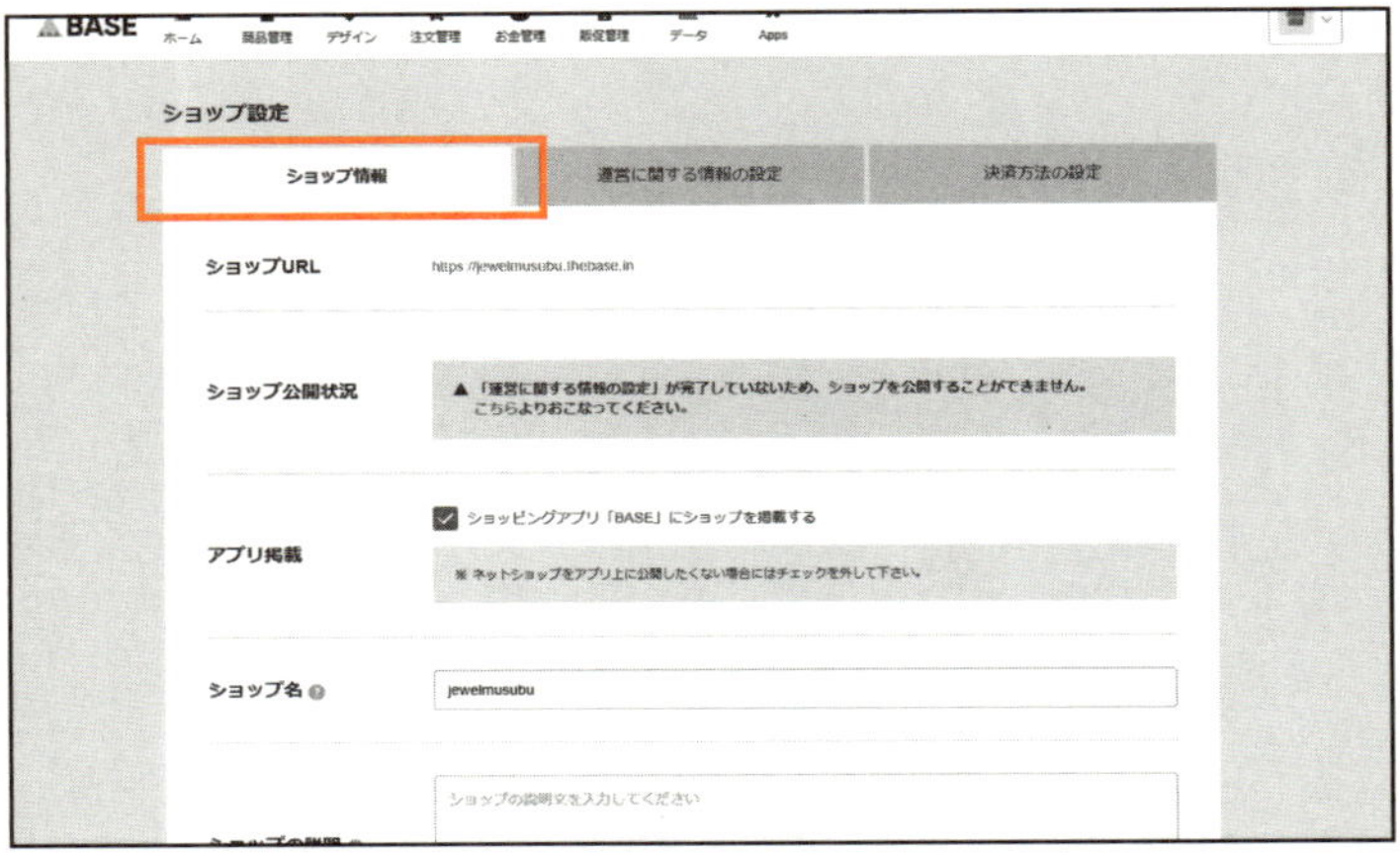

・ショップ名、ショップの説明

すでに決めている方は記入を、まだの方は仮で入れておきましょう。商品イメージに近い言葉を盛り込んで〇〇ショップとか〇〇屋でかまいません。ショップの説明も「大人かわいいお洋服のお店です」のように、ごく簡単に記入しておきます。

・ショップのカテゴリ

大・中・小カテゴリを選びます。レディースアパレルショップであれば

大カテゴリ　ファッション
中カテゴリ　レディース

と入れます。小カテゴリは選択しなくてもかまいません。

・SNS設定

すでに決めている方は記入を、まだ決めていない方

はあとで設定できます。

・ショップの送料、デフォルト税率

ショップ送料は「全国一律380円」をおすすめしています。のちほど詳しくお伝えします（55頁）。税率は10％（標準税率）を選んでください。

そして「保存する」をクリックすれば、これでショップをオープンするための準備は整いました。ここまでの手続きでほんの10分程度、あっという間にできます。

開店準備2　無料の拡張機能BASE Appsでカスタマイズしよう

ショップをさらに充実させる「BASE Apps（ベイスアップス）」

これであなたのネットショップはもういつ商品を出品してもいい状態になっています。

ただ、この段階ではごく基本的な情報しかお客さまにはご案内できていません。

BASEには、ショッピングに必要なプラスアルファの情報をショップページに追加できる拡張機能、「BASE Apps（ベイス アップス）」というアプリが用意されています。必要な情報を追加して、お客さまが安心してお買い物できるようなページにしましょう。

BASE Appsは「ショップのルールを設定する」「商品のルールを設定する」「ショップをデザインする」「商品を準備・作成する」「お客様を集める」「売上を向上

させる」といった、10個のカテゴリに分類されています。

カテゴリの中には50以上の拡張機能があります。希望するものを利用できるので、あれもこれも追加してみたくなりますね。でも、最初はあなたのショップに必要最低限なものだけを導入しましょう。

必ずインストールしていただきたいのはこの6つです。

・送料詳細設定

商品の配送料を地域ごとや商品ごとに細かく設定でき、「○円以上で送料無料」などの条件もつけられます。おすすめは「全国一律380円」です。第4章で詳しく説明しますが、おうちネットショップでは、中国物販サイトから仕入れをしてお客さまへダイレクトで配送するため、発生する送料は「国際送料」です。メルカリやヤフオクのように売主が宅配便などを手配する仕組みではないため、厳密な（国内での）送料を出し

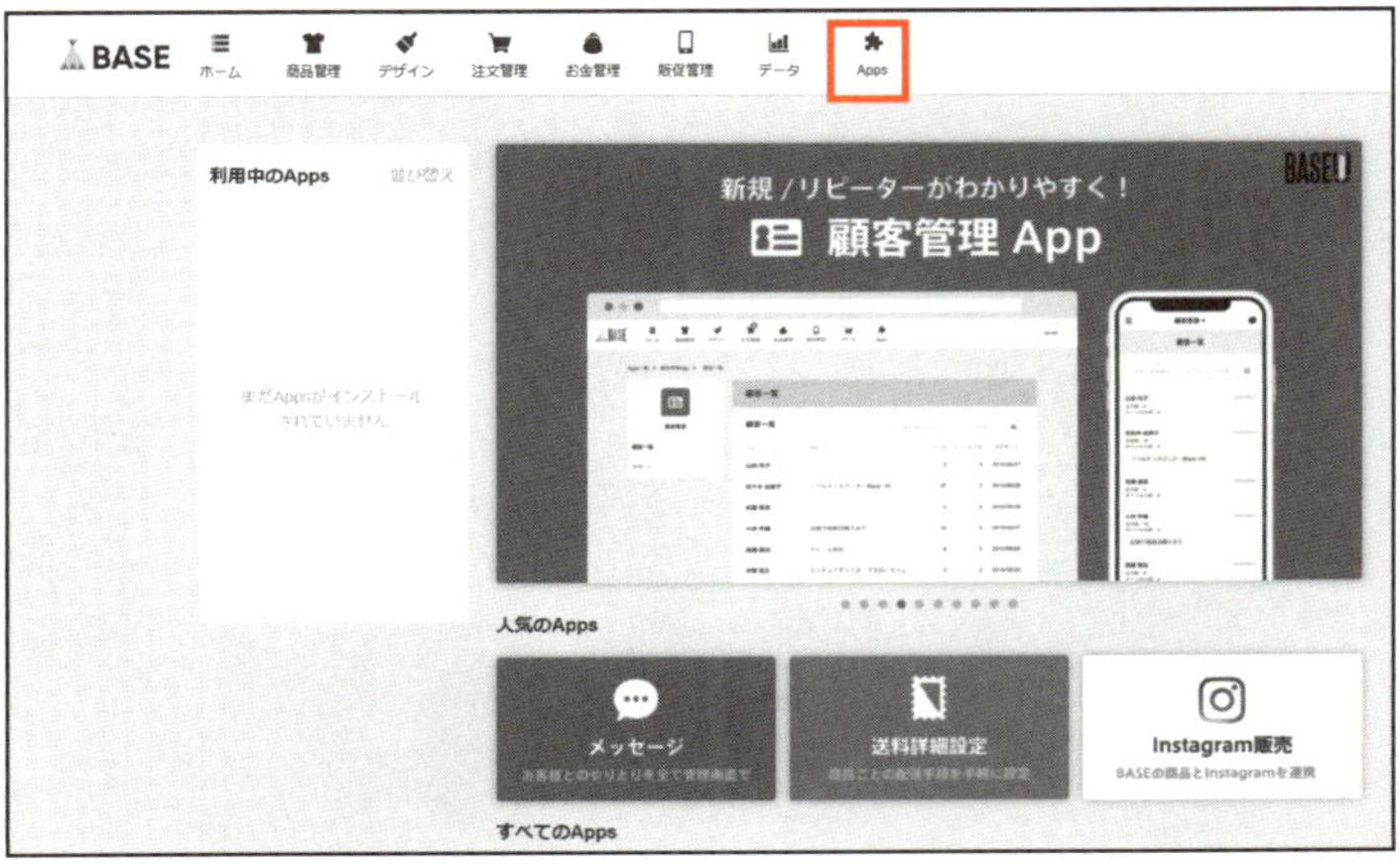

づらいのです。送料無料にしても良いのですが、ほんの気持ちということで、お得感と明朗感から「全国一律380円」が良いかと思います。今の段階では金額は空白でもかまいません。アプリだけでもインストールしておけば、あとから設定することができます。

・商品検索

お客さまが商品をキーワードで検索できます。

・カテゴリ管理

商品を大・中・小の3つのカテゴリで表示できます。お客さまがほしい商品を検索しやすくなります。

・ラベル

出品商品に「いち押し商品」「新商品」「セール」といったラベルを貼付できます。注目してもらいやすくなり、売上アップにつながります。

・顧客管理

お客さまの過去の注文履歴やお問い合わせ内容をリスト化してくれます。あとから売上を確認したいときなどに便利です。

・メッセージ

お客さまとショップ上でやりとりできるメッセージ機能です。問い合わせの着信にすぐに気づけるお知らせ機能や、ショップの画面上にチャット窓口があるので、メールで個別に対応するより管理も簡単で便利です。

最初は入れなくてもいいBASE Appsも

BASE Appsの中で「インストールしなくていいんですか」とよく生徒さんから聞かれるのは、購入の感想などを書き込む「レビュー」です。

いい評価がつけば、ショップの信頼度がアップしますし、あなたのモチベーションもアップしそうですが、当然ながらレビューはショップ側が自由に消去することができません。たとえこちらに落ち度がなかったとしても、お客さまの誤解などでマイナスレビューが載ってしまうこともあり得ます。そうなるとやはり気持ちのいいものではありません。BASE Appsはあとからインストールもできます。運営が軌道にのってから導入を考えればいいでしょう。

開店準備3　物販専用のクレジットカードを準備する

クレジットカード2枚以上で、利用可能枠100万円を確保

ＢＡＳＥのアカウントを取得できたら、これでお客さまとあなたのショップをつなぐシステムの土台はできあがりました。

次は、商品の発注先、「中国物販サイト」と取引するためのクレジットカードを準備します。


商品が売れて、あなたのショップに購入者さんから代金の支払いがされたあと、ＢＡＳＥに振り込み申請をすると、あなたの銀行口座に入金されます。

このあと、仕入れ元の中国物販サイトへクレジットカードから商品代金や経費が支払われます。つまり、クレジットカードはおうちネットショップのマストアイテム、まだ持っていない方は新規で取得しなくてはなりません。

さて、ここからが大切なポイント。**クレジットカードには支払いに使える金額の上限＝利用可能枠があります。ネットショップをスタートさせるためには、最低100万円の利用可能枠を確保することが重要です。**なんらかのトラブルでカードが使えなくなった場合に備えて**2枚以上持って、**合計利用可能枠で100万円を確保することをおすすめします。

なぜ100万円なのか。**おうちネットショップは利益率の平均が30％のビジネスです。**つまり、月間利益30万円を目指すならば、100万円程度の利用可能枠が必要というわけ。月間利益50万円を目指すならば、利用可能枠167万円の確保を目指します。

私の生徒さんでオープン4カ月の初心者ママさんは、いきなり商品が売れすぎて利用可能枠100万円を超えそうになり、急いで新しいカードを作って、無事に月間利益120万円を達成した例もあります。

せっかくたくさんの注文が入ったのに、利用可能枠の限界で新たな発注ができないとあっては、ビジネスチャンスが逃げてしまいます。**利用可能枠＝目指す月間利益の3倍以上を目安にしてください。**

「私は月5万円の利益でいいんだけど……」という方も、ここはぜひ夢は大きく、利用可能枠100万円を目指しましょう！

売上が伸びると気になる「利用可能枠」と「支払日」

クレジットカードの仕組みは、支払いをカード会社が立て替えてくれて、あとから利用者が支払いをするというものです。

たとえば利用可能枠が30万円の場合、1回の利用で10万円を使うと、カード会社が10万円を立て替えてくれることになります。差額の20万円が、この時点で利用可能な金額ですが、引き続き買い物をして立て替え額が30万円を超過してしまうと、カード利用ができなくなります。

支払い方法には「毎月10日締めの翌月5日引き落とし」などのルールがあり、とにもかくにも、この日までには引き落とし金額を口座に入れておかなくてはなりません。

ネットショップを始めてすぐの頃は、利用可能枠の中でお金を回していけるかもしれませんが、だんだん売上が伸びてくると、利用可能枠と支払日のタイミングを常に気にしていないといけなくなります。

じつは、**クレジットカードの利用枠は人によって違います。**クレジットカード申し込み時の記入事項から、カード会社は統計的な分析を行い、申し込み者の支払い能力や信用情報を審査して金額を決めています。

一気に複数のカードを申請するのはNG

「専業主婦は職業や年収を書けないから、審査に通りにくいのでは？」

大丈夫です。新規でカードを作るときは、世帯年収や預貯金などで審査されるので、専業主婦だから通らないということはありません。

新規でカードを申し込む際、1つ注意があります。**同時に複数のカード会社に申し込むのはNGです。**

あなたの申し込み情報は、カード会社、銀行、消費者金融会社それぞれの業界が利用している「指定信用情報機関」に登録されます。その情報は各社共有できるため、急いで複数のカードを申請すると、カード会社は「現金がないから複数のカードが必要なのではないか？」「急ぎでキャッシングの利用をしたいのではないか？」と疑念を持ち、審査に通らなくなってしまう恐れがあります。

複数枚を取得する場合は、3カ月内をめどにコツコツと準備してください。経費を抑えるためにも年会費無料を選びましょう。

比較的審査が通りやすいのは「楽天カード」「ヤフーカード」です。交通系ICカードや家電量販店と提携しているカード、他社とは違う審査基準を持つ「アコムACマスターカード」なども作りやすいといわれています。

また、これは裏技になりますが、「ポイ活」を利用してクレジットカードを作る方法もあります。

「ポイ活」とは買い物、レストラン、旅行宿泊、無料サービスの参加、アンケート回答、ゲーム、アプリのダウンロードなど、暮らしのさまざまな場面でポイントを貯めたり使ったりして、「お得」を手に入れる活動のことです。

この「ポイ活」の中にも、クレジットカード発行の新規開設キャンペーンがあります。ポイ活応援サービスの「モッピー」「A8ネット」などを調べてみてください。

クレジットカードが使えないときの保険用「デビットカード」

一般的なクレジットカードは月1回の支払日にまとめて、利用額が銀行口座から引き落とされる仕組みですが、**支払いが発生したと同時に利用額が引き落とされるのが「デビットカード」です**。ほとんどの金融機関が発行しており、銀行口座と紐づけられれば、原則審査なしで誰でも持つことができます。

利用限度額が口座残高とイコールなので、口座にある金額を上限に使えるということになります。つまりお財布がそのままカードになって使える状態と思ってください。

ネットショップ運営では、本来クレジットカードを使うのが一般的ですが、**事情があってどうしてもクレジットカードが作れない方でも諦めることはありません。デビットカードを利用する方法もあります**。

その場合、支払わなければいけない額に不足が起きないよう、口座には十分な金額を入金しておきましょう。支払いのときに利用限度額を上回ってしまうと、引き落としができなくなるため、お金の管理には注意が必要です。

開店準備4　ショップコンセプトをイメージする

ニッチなジャンルを見つけて「お気に入り」を目指す

ここまでで、ネットショップをオープンするための、どちらかというと設備やシステムなどの面の準備は整いました。

ここからは品揃えやお店の方針などの面を準備していきます。

最初に、あなたのネットショップの具体的なイメージを決めていきましょう。これを「ショップコンセプト」といいます。**ショップコンセプトはネットショップを成功に導くための一番大切な部分**です。さあ、いよいよそこに入っていきますよ！

ネットショップは、大きく2つのタイプに分かれます。

1つは、実店舗でも手に入りやすいもの、たとえばホームセンターやスーパーなどでも買えるものを扱うショップです。誰にでも必要なものなので需要が多いぶん、個人から企業までネットショップ参入者も多いです。

もう1つは、「ニッチ」といわれるコア、またはマイナーな商品を扱うショップです。「ニッチ」とは、隙間という意味で、ニーズはあるけれどもビジネス展開の対象としては小さい規模なので、企業はあまり参入しません。

ネットショップ初心者は、この「ニッチ」なジャンルにフォーカスするのがいいと思います。なぜなら、どこでも買える商品ならすでに、実店舗にもネットショップにもあります。あなたのショップで売っていても、お客さまの印象に残らず素通りされてしまう可能性が大です。

でもニッチな商品なら、特定のお客さまのハートをつかむ可能性がグッと上がります。ニッチな商品がおうちネットショップに向いている理由は、仕入れの仕組みにもあります。皆さんは中国物販サイトを利用してネット販売をするため、お客さまの注文を受けてから商品をお届けするまで1〜2週間かかります。**「待ってでも買いたい」と思ってもらえるような商品が並ぶショップにしなければいけないのです**。

それでは、どのような「ニッチ」を選べばよいか、4つのポイントをお伝えします。最低限3つクリアしているものを選びましょう。

①実店舗では見つけられないもの

実店舗の場合、集客できる可能性のある地域＝商圏が非常に重要です。商圏の中にその商品を買いたいという人が少なければ、ビジネスとして成り立ちません。でも、ネットショップなら、立地や商圏は関係なく全国規模でお客さまがいると考えることができます。**商圏を気にすることはないので、実店舗では展開しにくいニッチな商品は、成功する可能性があります。**

②熱狂的なファンがいるもの

専門性の高い熱狂的なファン向けの商品もよいでしょう。こうしたファンは「商品を見つけた時点で、すぐに買わないとダメ」と思ってくれるので、衝動買いをしてくれるかもしれません。「ほしかったものはここにしかない」と思ってくれたら、定期的にあなたのショップをのぞいてくれるでしょう。

③求めている人が少なすぎないもの

ニッチを目指すとはいっても、ある程度の数はいないとビジネスとして成り立ち

ません。たとえば、ワンちゃんの専門店で考えてみましょう。洋服や首輪、おもちゃなどを、ある犬種をターゲットに絞って売るとします。人気犬種のトイプードル、チワワ、レトリーバーなどならたくさんのファンがいますが、日本に何頭もいないような犬種の専門店では、いくらニッチがいいといっても、お客さまが少なすぎてビジネスにはなりません。

④2500円以上で販売できるもの

値段が安い商品は利益率も下がり、たくさん売らなければ収益が上がりません。**商品にかかる経費を差し引いても、収益が見込めるものを選ばなくてはなりません**。

中国物販サイトを利用してネットショップをする場合、元々の商品代金、国際送料（荷物の大きさにもよりますが目安として1200円程度）と仕入れ代行業者料がかかります。そこに、BASEに支払う決済手数料、サービス利用料、振込手数料、事務手数料が加わります。

販売価格は「商品の仕入れ値」+「経費」+「利益」で構成されます。利益率を30％確保するとして、赤字にならない販売価格の最低ラインは2500円と見ておきましょう。

開店準備5　好きなものの中からニッチなジャンル探し

成功の秘訣は「自分が好きなもの」

まず、ネットショップ成功の秘訣で大事なことがあります。扱う商品は**「自分が好きなもの」「知識があるもの」に絞る**ことです。好きなものであれば、すでにこれまでたくさん情報収集をしているはずです。実際に自分でも買い物をしたり、使ったりして、具体的にどんなものが良くてどんなものが悪いかを知っているでしょう。「この値段なら買える」「こういうものが便利なんだな」「こういうものがあればいいのに」と感じる、お客さまの気持ちもよくわかるでしょう。その経験はお金で買うことはできない貴重なものです。**あなたの経験はすでにネットショップ運営の大きな財産となっている**ので、自信を持って商品セレクトや価格設定に生かせます。

オタク的なものが好きであれば、その世界の人しか使わないような表現や用語を使って、商品説明が書けるでしょう。お客さまは「よくわかっているお店だな」と信頼してくれて、リピーターになってくれる可能性も高まります。あなた自身が好きなものでネットショップを作ったなら、あなたの熱意がお客さまにもきっと伝わります。

どうでしょうか。自分が好きなものが何か思いつきますか。最初は、ただ漠然としていてもOKです。自分の好きなものや興味のあるものを書き出してみてください。たとえば私だったら、「犬、インコ、ダンス、ゲーム、ホワイトインテリア、アウトドア、部屋着、ドリンク」、思いつくままに並べてみました。最初はこんなふうに脈絡がなくてもかまいません。

少し時間をおいて日を改めてみたら、もっといろいろな「好き」を思いつくかもしれません。あなたのお部屋を見渡したり、買い物に出かけたりして、あまり考え込まずにリラックスしながら、いくつでもいいので思いついたら忘れないようにメモしましょう。絞り込むのはもっとあとからの作業になります。

それでは、次はネットショップオーナーの目になって、実際に販売する商品のジャンルを探してみましょう。「どうやって？」と目がテンになった方、大丈夫です。探し方をお教えしていきます。

①大手通販サイトのカテゴリーや商品一覧から見つける

アマゾンや楽天、ヤフーショッピングなどの大手通販サイトの「カテゴリー」や「商品一覧」をチェックしてみましょう。たとえば、アマゾンなら検索窓の横にある「すべて」をクリックすると、生活関連用品からファッション、ホビー、スポーツ・アウトドア、ペット用品などさまざまなカテゴリーが出てきます。

ここから、あなたの「好きなもの」「興味のあるもの」に近いカテゴリーにアクセスしてみましょう。実際の商品を見ているうちに、具体的なイメージがつかめてくるはずです。

②人気雑誌アプリやSNSからアイデア探し

商品リサーチの参考になるものとして雑誌があります。雑誌で特集をしているということは、ある程度の読者層がいると出版社側が見込んでいるから。「dマガジン」という人気雑誌アプリを使うと、ファッション、趣味、暮らし、スポーツなど500誌以上が月額440円（税込）で読み放題。いろいろなジャンルの雑誌からアイデアを探ることもできます。

dマガジン

https://magazine.dmkt-sp.jp

その他、過去のインスタグラムやフェイスブックの自分の投稿、フォローしているSNSアカウントなどにも、あなたの「好き」が見つかるヒントがあるはずです。

インスタの「ショップ」にアクセスすると、あなたにおすすめのショップ一覧が出てきます。ここもあなたの「興味」の道しるべです。

好きなものを書き出すときに、スマホのメモ機能や手帳などを使う方も多いかと思いますが、思考を整理するための便利なアプリがあります。「マインドマイスター」といって、頭の中にあることを視覚化させていくお助けツールです。

最初は思考の核となる言葉を大見出しのように「新しいマップ」という吹き出しに入力します。画面上の中央の＋をクリックすると新しい吹き出しを作ることができるので、アイデアをどんどん書き込んでいきましょう。

マインドマイスター

https://www.mindmeister.com/ja

開店準備6　中国物販サイトにアカウント登録する

アパレルに強い「タオバオ」、小物に強い「アリエクスプレス」

ここまでの作業で、「私ってこういうものが好きなんだな」「こういうジャンルならファンがいそうだな」という傾向がかなり見えてきたのではないでしょうか。

次はいよいよ、そうした「好きなもの」が商品として実在するのかを調べる段階です。仕入れ先として利用する、中国物販サイト「タオバオ」と「アリエクスプレス」で商品をリサーチしてみましょう。

サイトの特徴として、**「タオバオ」はアパレルが強く、「アリエクスプレス」はそれ以外のもの、小物なども扱えるとおさえておくといいでしょう**。両サイトについては第4章で詳しく解説します。

先にお伝えしますと、もし、これらの物販サイトに取扱商品がない、あるいは十分な商品数がなければ、そのジャンルは諦めましょう。**最低でも同じジャンルの商品が20種類以上あるかが目安です**。

たとえば、動物の「ナマケモノ」をテーマにお店を開きたいと思ったとしましょう。タオバオでナマケモノのTシャツがあった、でもその他のナマケモノグッズは見つからない——それでは、ネットショップでは扱えません。品揃えが少なすぎますからね。ナマケモノのカップもある、カバンもクッションもカーテンもある……といったように、**20アイテム以上見つけられたもののみが商品ジャンルの候補となります**。

リサーチするにあたっては、まずどちらもパソコンからアカウントを登録してください。中国の会社ですがアカウント登録はそれほど難しくありません。

アリエクスプレスにアカウント登録

「アリエクスプレス」は全世界を対象にしているので英語版もありますが、日本語に翻訳したサイトから入ります。

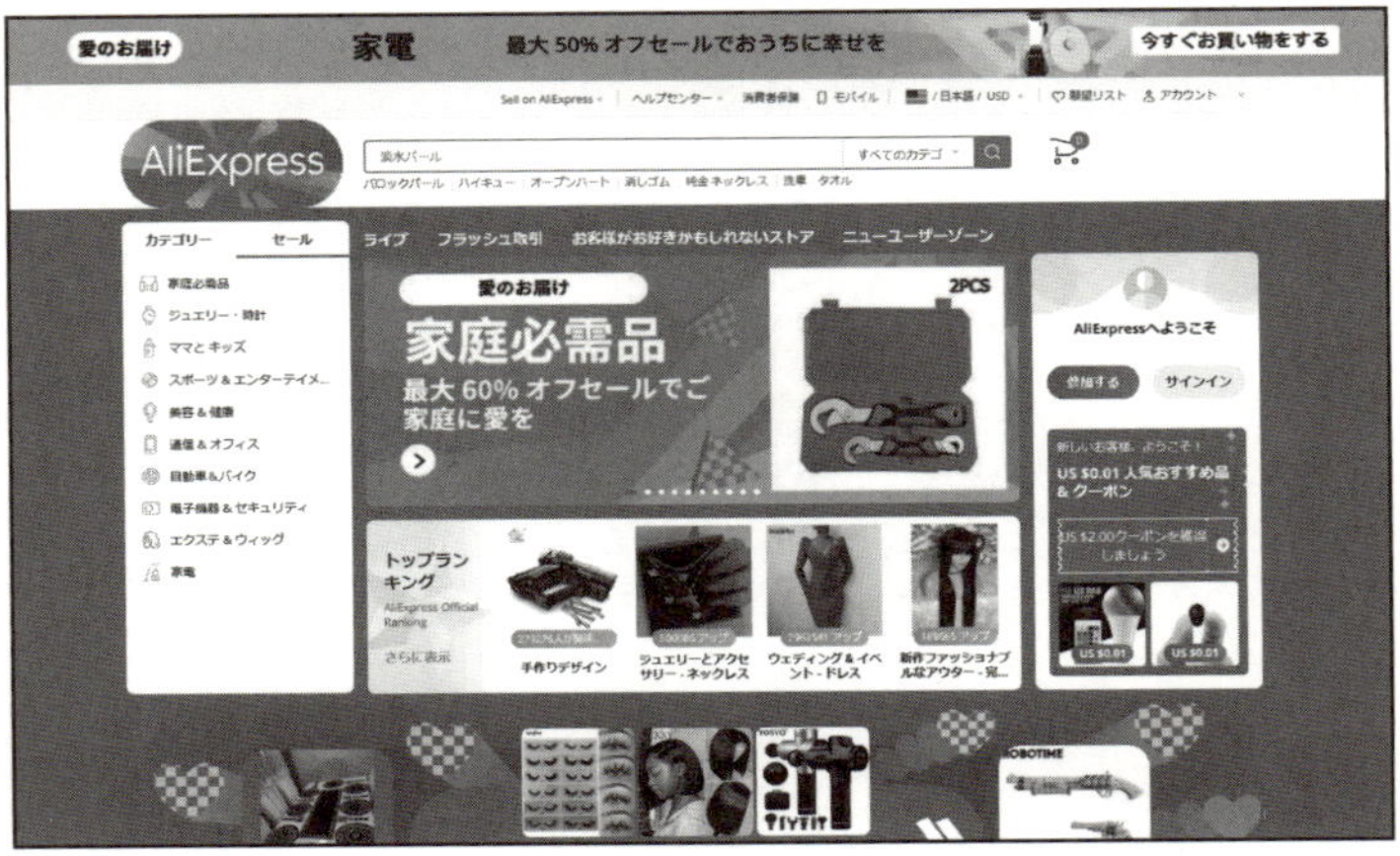

JA. AliExpress JAPAN
https://ja.aliexpress.com

画面右上のアカウントから「加入」をクリックするとメールアドレスとパスワードを入れる枠が出ます。**メールアドレスは、いつも使っているものではなく専用のアドレス、たとえばＧｍａｉｌなどをおすすめします。**なぜかというと、中国の物販サイトを使うとメールのやりとりがかなり多くなります。プライベートのメールアドレスにしてしまうと、混ざって大事なメールの確認漏れが起こりやすくなるからです。

専用のアドレスとパスワードを入力したら、「マイアカウントを作成する」をクリックしましょう。すぐにメールが届きますので、そこにあるＵＲＬをクリックすれば登録完了となります。

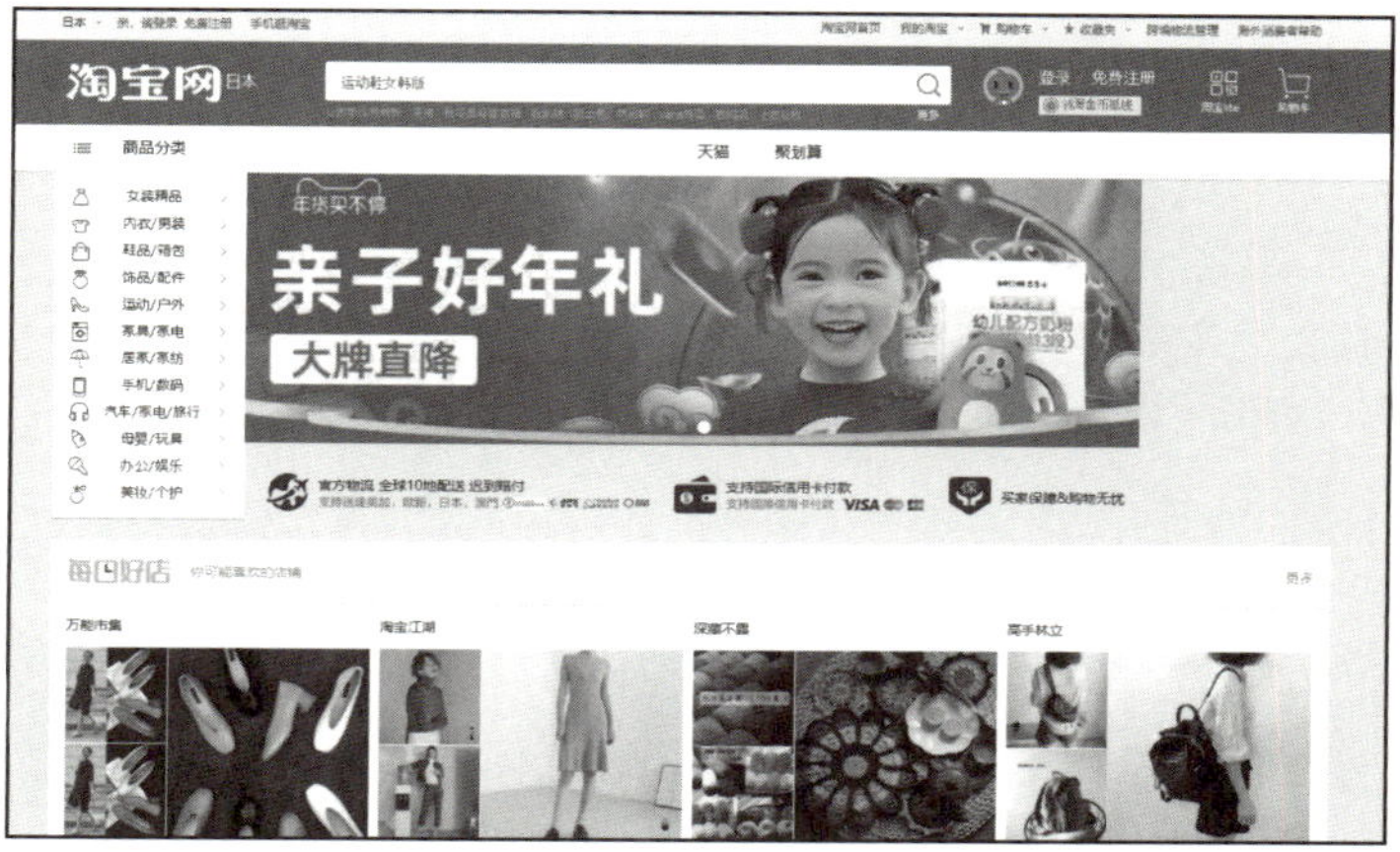

タオバオにアカウント登録

タオバオ
https://world.taobao.com

登録は中国語のサイトで行います。画面右上に「登録/免费注册」（登録/無料登録）という文字があるので、「免费注册」（無料登録）をクリックします。

右上に表示を「中国語/英語」で選ぶボタンがありますので、英語のほうが得意な方は切り替えてください。ここでは中国語画面で解説していきます。

携帯認証のサイトに移行しますので、「手机号码」（携帯電話番号）の枠に自分の携帯電話番号を国際番号（81）を付けて入力します。

下の欄「验证」（検証）、枠の左側の矢印にカーソ

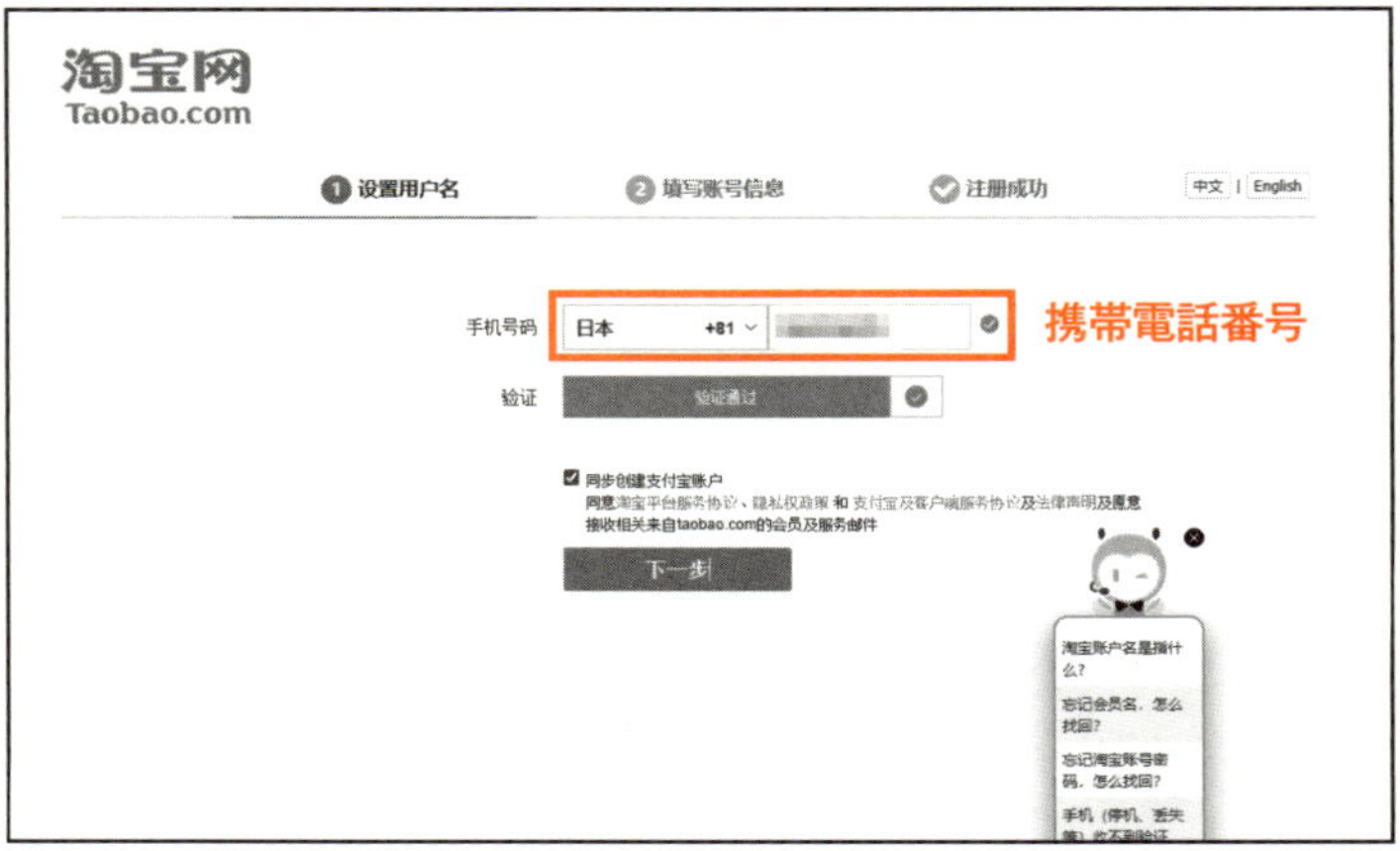

ルを合わせて右にスライドすると枠の色が変わります。さらにその下のボックスに同意のチェックをします。

ここの中国語は「Ａｌｉｐａｙアカウントを同時に作成する。Ｔａｏｂａｏプラットフォームサービス契約、プライバシーポリシー、Ａｌｉｐａｙとクライアントサービス契約、および法的声明に同意し、ｔａｏｂａｏ・ｃｏｍから関連するメンバーとサービスの電子メールを喜んで受け取ります」と書かれています。

「下一步」（次の操作）をクリック、次のページに進むと同時に携帯電話に認証番号が届きます。

枠の中に認証番号を入力して「确认」（確認）をクリックすると、パスワードとタオバオ会員名（ログインＩＤ）を設定する画面になります。

「登录密码」（パスワード）でパスワードを設定して、「密码确认」（パスワードの認証）にもう一度入力しま

す。「設置电子邮箱」（メール設定）にあなたのメールアドレスを入れ、「設置会员名」（メンバー名）にログインIDを入れます。

ログインIDは「5-25文字、中国語をおすすめします。名前／ID／銀行カードなどの個人情報は含めないでください。設定が成功すると、変更できなくなります」と注意喚起されています。ご自身で適当と思われるものを入れてください。

次に、「提交」（参加する）をクリックしてアカウント登録は完了です。

さらに、タオバオのアプリもスマートフォンにダウンロードしましょう。ネットショップがオープンしたあと、外出先でも商品検索などができて便利です。

開店準備7「アリエクスプレス」「タオバオ」で商品リサーチ

好きなものがある？ ない？ キーワードで検索

では、実際に中国物販サイトを利用して商品リサーチをしてみましょう。

「アリエクスプレス」はカテゴリーが日本語になっているので、とてもわかりやすいです。興味のあるものをそれぞれクリックしてみてもいいですし、検索窓を使って用語でリサーチすることもできます。

たとえば、リストアップしたあなたが扱いたいと思っている商品をキーワードにして検索してみましょう。商品がたくさんヒットするか、少ししか出てこないか、**この情報から仕入れ商品が豊富にあるかないかがリサーチできます**。

あまりヒットしない商品は、あなたが開くネットショップのジャンルから外します。

また、キーワードを入れたあと、同じ画面の「並び替え順」のところの「注文」

をクリックすると、全世界で多く注文されている商品、人気のある商品がアップされます。どういうものが売れ筋かがわかるので、とても参考になります。

翻訳機能を使えば大丈夫、タオバオでキーワード検索

「タオバオ」の場合は、中国語のサイトしかないので、グーグルクロームなどブラウザに常備されている日本語翻訳機能を設定するなどして、閲覧しましょう。

キーワード入力はＧｏｏｇｌｅ（グーグル）などの「翻訳機能」を使ってキーワードを中国語に変換して、検索窓にコピペしてください。詳しい検索方法は第4章（１４０頁）で解説しています。

ちなみに、「包括的な並べ替え」の横にある「販売」をクリックすると、売れている順番に商品が並びます。商品名の横に「〇〇人」という記載がありますが、これが売れている数です。数が多いほど人気商品であることがわかるようになっています。

開店準備8 商品ジャンルを絞り込む

5つのポイントから最終的なジャンルを導く

さて、ここまでで「好きなもの」「実際に商品として存在する（品揃えが確保できる）もの」が絞り込めてきたと思います。

あともうひと息です。商品ジャンルを1つに絞り込みましょう。

「どうやって絞ったらいいかわからない」という方、大丈夫です。次の5つのポイントをチェックしてください。

ポイント1　実店舗では展開していないジャンルは可能性アリ

潜在的な需要はあるけれど、実店舗にほしい商品がない、そのために「いつも探している」「見つけたら絶対に買う」というお客さまが必ずいます。とくに、雑貨についてはこだわっているもの、収集の対象となるものがあるので、そういうマニアのハートをつかめるジャンルのネットショップは収益が出る可能性が大いにあります。

一方で、アパレルの場合は多くのジャンルがすでに実店舗でもネットショップの中にもあります。ニッチなものを絞り込もうとすると、かえって選択肢が狭まってしまいます。扱う商品が雑貨でなければ、そこまで厳密にニッチを絞り込もうとしなくても大丈夫です。**大事なことは、ニーズがあると思われる、ファンがいると思われるジャンルであること。テイストに特化していて、きちんと統一感のある品揃えができれば大丈夫です。**

ポイント2　経費計算をして利益が出るかチェック

中国物販サイトを使う場合、国際送料や仕入れ代行会社を使う際の経費、そしてBASEを利用して売上が立ったときに必要な決済手数料やサービス利用料、売上金を引き出すときの振込手数料や事務手数料が経費としてかかります。**経費を差し引いて少なくても1000円以上、できれば1500円以上の利益が出る値段がつけられる商品かどうか**を今一度チェックしてみましょう。

利益計算法は、第4章（172頁）に具体的な例を出して紹介しています。参考に試算してみてください。

ポイント3　商品が20品以上並べられるかチェック

「開店準備6」（72頁）でもお伝えしましたが、あまりにも商品アイテムが少ないジャンルはアウトです。取扱商品が少なすぎると「まだできたばかりのショップなのかな」とか「素人がやっているのかな」と、お客さまを不安に感じさせてしまいます。

また、これは運営が始まってからの作業になりますが、「売れるネットショップ」へ成長させていくためには、実際に売れたもの、売れないものを検証して、品揃えを売れ筋へシフトさせていく必要があります。取扱商品があまりに少ないと、売れ筋の検証もできません。

ポイント4　商品に興味を持つ人をある程度見込めるか

実際にあなたが「これはいい商品だ」と確信して出品しても、ほしいと思う人が少なければビジネスとして成り立ちません。ネットショップの成功は、ソファに座ってスマホでネットサーフィンをしている人が「わあ、これほしかったものだ！」「こういう専門店がなかったんだよね」と目を輝かせて、くつろいでいるソファから立ち上がり、財布のあるところまで行き、クレジットカードを取り出すくらい心を動かすファンがどれだけ増えてくれるかにかかっています。

好きな人がどれくらいいる？　リサーチする方法

実際にファンがいるか、リサーチするのはなかなか難しいですが、参考になる方法を２つお伝えします。

リサーチ法１　検索サイトで候補の商品ジャンルをキーワード検索

関連するマニアブログが存在していたり、雑誌やウェブメディアなどで特集されているということは、その商品へ興味がある人があなた以外にも存在しているということの証です。Ｙａｈｏｏ知恵袋やインスタグラムに投稿されているか、フェイスブックに登場するかどうかなども参考になります。

リサーチ法2　ツールを利用して市場リサーチ

いわゆる「市場調査」ができる便利な無料ツールに、フェイスブック「オーディエンスインサイト」があります。これは、あるジャンルにどれだけ興味を持つ人がいるのかを調べることができるサイトです。本来は、フェイスブックに広告を出稿する企業などが、ターゲットユーザーを効率的に見つけ出すためのツールです。

フェイスブックの「ビジネスヘルプセンター」から、「オーディエンスインサイトから新規オーディエンスを作成する」にアクセスすると、検索の仕方のガイドが表示されます。ガイドに沿って、気になる商品ジャンルをいろいろ検索してみましょう。

ポイント5　自分が本当に情熱を持てる商品か

「自分は本当にこの商品に情熱を持てるか」を心に問いかけてください。ショップをオープンしたての頃は、まだ誰も訪ねてきてくれません。数日、数週間、半月、なんの反応もなければ「ああ、誰もこれはほしくないのかな」「自分には向いていないのかな」と諦めてしまうかもしれません。

商品を売る、ましてや月に何十万円も利益を出すというのは、実店舗であれ、インターネットの中であれ簡単なことではありません。

でも、あなたが本当に熱意を持てる商品だったら「こんないいものを知ってほしい、喜んでほしい」と、きっと何かしら動かずにはいられないはずです。他人から見たら面倒だな、そんな努力はしたくないなと思うようなことも、あなたにはきっと問題ないはず。**日々の努力を努力と思わないエネルギーは無敵です**。その感覚をぜひ大切にしてください。

絞った1つのジャンルで「先輩ショップ探し」

以上の5つのポイントを参考にして、商品ジャンルの候補を5つへ、さらに3つへ、そして1つへと絞り込んでいきましょう。

絞った最後の1ジャンルの商品を実際に販売しているネットショップがないか、専門店をグーグルなどで検索してみてください。

似たようなジャンルの専門店の成功例が存在したら、これからあなたがネットショップを運営していく際に参考にできるヒントがあるかもしれません。大いに参考にさせていただきましょう。

開店準備9 ショップコンセプトを言葉にする

思いを言葉にすると、軸がぶれない

それでは最後のステップ、ショップコンセプトを言葉にしていきましょう。

どんなお客さまに買ってほしいか

お客さまにどんな価値や影響を与えられるのか

ショップコンセプトにはこの2つを入れ込みます。

たとえば大人気のアパレルブランド、「ジルスチュアート」のブランドコンセプトは「ＩＮＮＯＣＥＮＴ ＳＥＸＹ　少女だけがもつ透明感、大人の女性に漂うセクシーさ。女の子に同居するイノセントとセクシーを絶妙に引き出し、最高の『かわいい』をかなえます」とあります。

つまり「買ってほしいお客さま」は大人の女性、「与えられる価値や影響」はイノセント、セクシーさの演出ということがわかりますね。この2つは本来真逆なイメージですが、この難しい共存を私たちは叶えられますというメッセージです。

まずは次の5つのポイントを書き出して、お客さま像を明確にしていきましょう。

①お客さまの年齢、年代はどのあたりか?

②性別は?

③何が好きなお客さまか?

④お客さまのこだわりは何か?

⑤お客さまはどんな人か(性格、タイプなど)?

次は、あなたのネットショップが、こうしたお客さまにどんな価値や影響を与えられるか。どんな幸せをゲットしてもらえるか。具体的にイメージしていきましょう。

「こんな場所にも着て行けるんじゃないかな」「こういうものが好きな人にはぴったりなお店なんじゃないかな」等々、想像の翼をどんどん広げてみてください。

ショップコンセプトはあなたのショップの軸となるものです。あなたの思いを文字にすることで自然とショップのカラーも決まり、軸がぶれることなく、商品を選ぶときの目も揺らがなくなります。

おうちネットショップ
成功オーナーさん
interview 1

「母ちゃんニコニコしてるねえ」と子どもからよく言われます

data
名前
なつみさん（36歳）
福岡県在住
家族構成
夫、長男（4歳）、次男（2歳）
スタート時期
2020年4月
月間利益
100万〜150万円

「絶対に軌道にのせて、時間に余裕を持って暮らす！」を目標に

おうちネットショップを始めたのは、２人目の子どもの育休がもうすぐ終わる頃、間もなく仕事に復帰するという時でした。子どもたちを第一優先にできる仕事にチャレンジしたいなと、ずっと探していたのですがなかなか見つからなくて、焦っているときにたまたま、よしきさんのＹｏｕＴｕｂｅを見つけました。

「ほんとかな、できるかな」と少し不安に思いながらも、在宅でできる仕事を見つけたい、自分の生活スタイルを変えたいと切羽詰まっていたので、とにかくセミナーに参加してみようと。激務の職場に復帰する不安もあったんですよね。あと、旅行が大好きで、コロナ自粛までは子連れであちこち旅行に行けていたのに、復帰したらそれができない、

やだなーという思いもありました。

ショップのオープンは、2020年の4月です。そのときはコロナで保育園もお休みだったので、家にずっと子どもがいる中で作業する時間を確保するのが大変でした。

子どもがグズッたり、ご飯の支度になったりで中断することもしばしば。結局、ダンナさんに協力してもらわないとできなくて、話してみたらすごく快くノッてくれて、子どもの世話も今まで以上にしてくれました。だからよけいに「ぜったい軌道にのせて、自分と家族が時間に余裕を持って暮らせるようになる!」という目標が明確になりました。

おうちネットショップの運営で最初に悩んだのは、何が売れるのかまったくわからないこと。これはもう数多く出品して自分で感覚をつかんでいくしかないなと吹っ切って、「1日10品を出品する」と決めて、中国物販サイトをリサーチしては、自分のネットショップに出品するという作業をひたすら繰り返しました。
5、6月も引き続き毎日出品していったので、品揃えがめちゃくちゃあるショップになりました。そうするとだんだん売れるものがでてきて、「こういうものが売れるんだ、じゃ、探してみよう」と察しがつくようになりました。

5月は10万円くらい売れて。6月に宣伝活動などにも力を入れて、一気に売上が100万円くらい、利益が30万円くらい出ました。7月は売上が300万円と、前月の3倍になりました。そこから軌道にのり出して、その後は安定して月100万〜150万円くらいの月間利益を推移しています。

よしきさんによると、この結果の出方は早いほうだそうです。初期にリサーチして出品、リサーチして出品という「大量行動」を続けたのと、「素人が始めたんだもの、すぐ売れるわけない」くらいの気持ちで焦らなかったのが逆に良かったのかもしれません。早く結果を求めすぎて、売れないとガッカリしてやめてしまうオーナーさんも多いと聞きます。

今は通勤時間ゼロで最高に幸せ。全部のバランスが整った感じ

じつは迷っていた復職ですが、2020年の7月に、次男の保育園が始まったのを機に復帰してみました。でも、うまくいかなくて2カ月で退職しました。通勤が往復で2時間半かかることもあり、毎日時間に追われて、子どもにもダンナさんにも優しくなれなくなってしまったからです。

仕事の内容的にストレスも多くて、体調を崩して病院に行ったら「このままだと心療内科行きだよ」と先生に言われて、あ、会社辞めようと思いました。おうちネットショップを始めていて良かったです。これがなかったら「やっぱり収入は大事だし」としがみついてしまっていたかもしれません。

今は、通勤時間ゼロで最高に幸せ。子どもたちからは「母ちゃんニコニコしてるねえ」とよく言われるようになりました。復職してからずっと、表情が険しかったようです。

子どもが保育園で熱を出してもすぐに迎えに行けるし、帰ってくるときも家で余裕を持ってお迎えしてあげられるし。夫婦の時間も増えて、全部のバランスが整った感じがします。

ONE DAY SCHEDULE

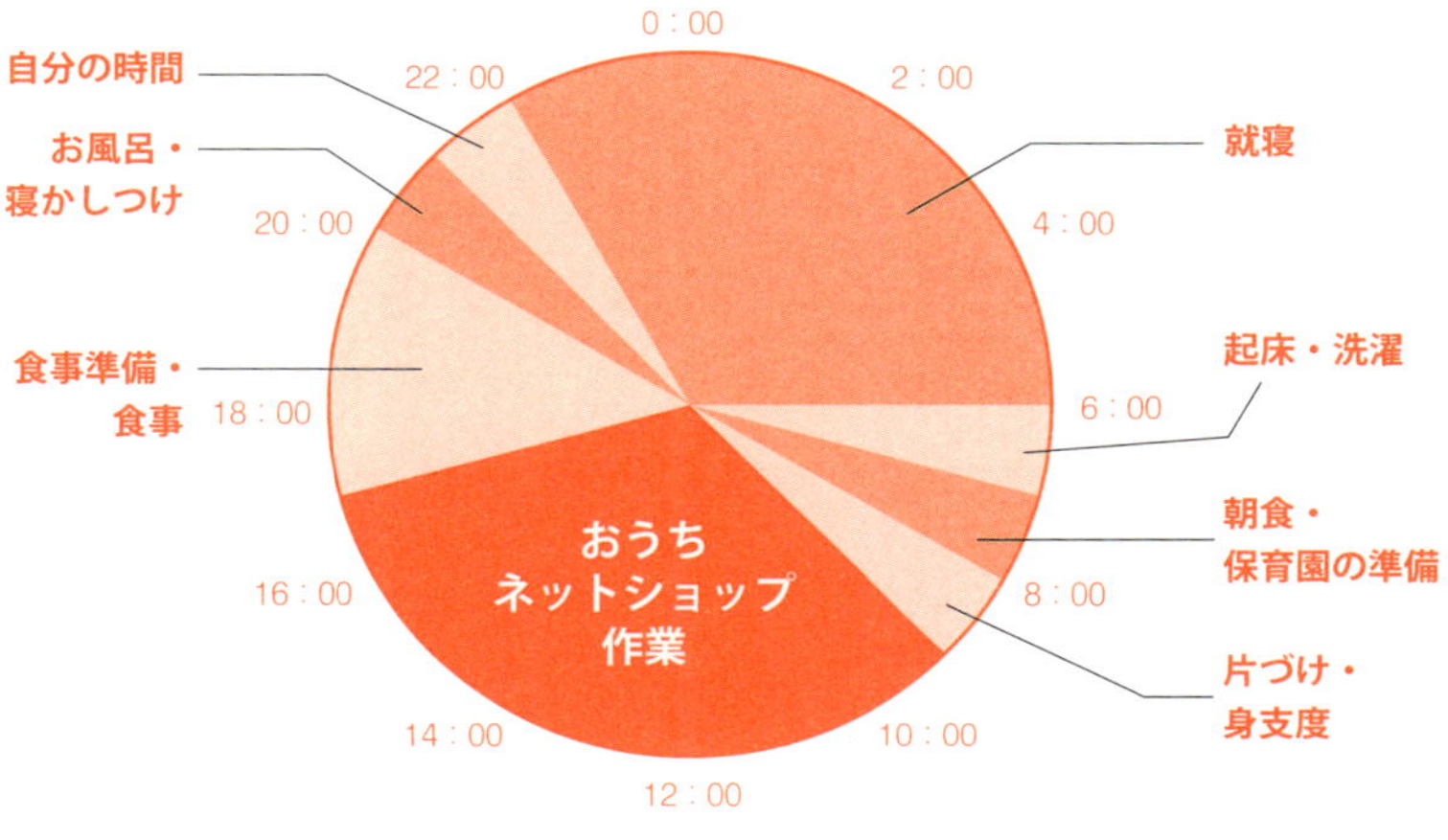

第3章

おうち ネットショップを オープンする （ショップデザイン編）

〜あなた好みの
センスのよいショップを作ろう

ここからは、あなたのネットショップを**カスタマイズしていきます**。ショップのロゴやテーマカラー、商品の見せ方等々……**これらは実店舗でいうと「内装」などにあたるもの**。訪れてくれたお客さまが「センスがいいな」と感じてくれる、居心地のいいお店にしたいですね。

「できるかな」と不安になるかもしれませんが大丈夫。今は手軽に無料で利用できるさまざまなツールが揃っています。**「まるでプロが作ったみたい！」**と、自分でもビックリするような素敵なネットショップができますから、楽しんでチャレンジしてくださいね。

「世界観の統一」こそ成功の秘訣

テーマパークの最高峰「ディズニーランド」にヒントがある

いよいよここからショップの顔ともいえる「デザイン」を作っていく作業となります。

デザインとは、ショップロゴや商品画像の配置、配色など、お客さまがサイトを訪れて目にするものすべてのことです。ネットショップは最初の訪問3秒以内で「何を売っている、誰に向けたショップか」をわかってもらう必要があります。探している商品があるか、自分の好みに合っているか、これが瞬時に判断できないと、他のショップに移動してしまうからです。

ショップのデザインを作るときに、最も大事なことは「世界観の統一」です。

「世界観、何それ？」という方も多いかと思います。**ネットショップにおける「世界観」**

とは、ショップサイトから醸し出される雰囲気やイメージといったらいいでしょうか。お客さまは、商品をスクロールしながらショップのイメージも同時に感じ取っています。一瞬で「素敵だな」と感じてもらえるネットショップなら、お客さまはファンになってくれます。

世界観を作るものってなんでしょう。**ショップのロゴ、配色などショップのデザインはもちろん、世界観を作るうえで超大切な要素**です。

Ｉｎｓｔａｇｒａｍ（インスタグラム）やＦａｃｅｂｏｏｋ（フェイスブック）といったショップのＳＮＳや、サンキューレター（購入のお礼のメール）なども世界観を作る１つのパーツですね。

世界観の統一が大成功している、誰にでもわかりやすい例があります。「ディズニーランド」を思い浮かべてください。

ディズニーランドはオープン以来、何年経っても、子どもから大人まで世界中の多くのファンの心をつかんで離しません。ディズニーの世界観を統一させるためにさまざまな独自ルールを作り、それを厳しく守ることで、唯一無二のブレない世界観を生み出しています。

たとえば、開拓時代のアメリカ西部の街並みが再現された「ウエスタンランド」では、赤い岩山の間を鉱山列車が轟音を立てて走り抜けます。ゆったりと流れるアメリカ河では蒸気船が汽笛を鳴らしながら行き交います。人魚のアリエルが登場することはありません。

もし、エリアのコンセプトに合っていないキャラクターがいたら、ゲスト（客）は違和感を覚えます。キャスト（スタッフ）の衣装や、そのエリアのレストランメニュー、トイレに至るまで、徹底して世界観を統一させることで、ゲストは安心して夢の国に浸ることができ、その世界を求めてリピーターになってくれるのです。

ネットショップの世界観を作る５つのピース

では、ネットショップではどうやって「世界観の統一」を作ったらいいのでしょう？

次の５つのポイントをあなたのショップコンセプトに合うように統一させていきます。

①品揃えの方向性

②ショップ名とロゴのイメージ

③商品写真の背景や構図
④商品写真のモデルの年齢や国籍
⑤商品ＰＲ文の文体

①については、第2章であなたのショップコンセプトを言語化しましたよね。商品の品揃えは、**ショップコンセプトからブレない商品でまとめる必要があります**。外れた商品があるとお客さまが違和感を覚えます。商品を選ぶコツについては第4章で解説します。

②はお店の「顔」になる部分ですから、これはとても大切です。ショップ名の決め方、ロゴの作り方はこのあとの項で解説します。ショップコンセプトを明瞭に表現しているような、ショップ名とロゴを作りたいですね。

③と④、商品の写真はショップの世界観に最も影響する要素です。**ショップコンセプトと写真のイメージをマッチさせること**、商品写真がバラバラに主張しないように**イメージを揃える工夫**が必要です。写真のセレクト方法も第4章でお伝えします。

⑤の商品ＰＲ文については、文体の統一が大前提です。文体が商品Ａではフレン

ドリー、商品Bではですます調といったようにバラバラだと、お客さまに（お店の）世界観が混在しているような印象を与えてしまいます。

さらに、文章の仕切りに使う飾り罫（下画像）、商品説明（商品紹介文、カラー、サイズなど）の順番、説明文の文体やニュアンスなども統一する必要があります。

他のサイトを「作り手の目」で見て研究を！

「見た瞬間になんのショップか、誰に向けてのショップかわかるデザイン」「世界観が統一されているデザイン」といっても、最初はよくわからないかもしれません。

でも、**たくさんのネットショップをこの5つのポイントを意識しながら「作り手の目」で見ることに慣れてくれば、だんだんとわかってくるはずです**。実際にあるネットショップから、「いい例」を2つ、ご紹介します。

飾り罫の例

JILL STUART（ジルスチュアート）　https://www.jillstuart.jp

商品の背景はすべて「白」で統一、構図もシンプルで統一感がある。モデルも年齢や国籍、体型などを一致させてイメージを統一させている。

LOWYA（ロウヤ）　https://www.low-ya.com

インテリアショップらしく、商品が家の中に置かれているイメージで撮影している。構図や背景をほとんど同じにして統一感を出している。

世界観にぴったりの「ショップ名」を決めるテクニック

覚えやすくて検索しやすい！　有名企業は「4文字」で勝負！

第2章の準備段階では、仮のショップ名をつけていた方もいらっしゃると思います。もう決めた方も、これからお教えするコツを参考にぜひ検証してみてください。

名前のコツ1　世界観やコンセプトと名前を一致させる

このコツが一番大切と言っても過言ではありません。名前はショップの看板のような存在。できれば皆さん、ショップコンセプトから名前をつけてほしいと思います。

ショップ（ブランド）名と世界観が一致した、とても良いアパレルブランドを2つご紹介します。

【ブランド名】Ｃｈｅｅｋ（チーク）
【コンセプト】「コスメチークのように「表情を明るくする」「生活をカラフルに彩る」着た人の心まで明るく、楽しくさせるブランド　大人のトレンドカジュアルコーディネートを提案します。」

【ブランド名】ＵＮＴＩＴＬＥＤ（アンタイトル）
【コンセプト】「Ｔｈｅ Ｂｏｄｙ Ｉｓ Ｙｏｕｒ Ｃａｎｖａｓ～自分を自由に描く服～　常に変化する時代の中で前向きでしなやかに生きる女性に向けて発信するリアルクローズ。上質でシンプルでいつでも心地よく、からだをきれいに見せてくれる。そんな洋服を飾らず気取らず、自分の感性で自由に着こなしていただきたい（中略）上質を日常で着るよろこびを、すべての女性に―」

とはいえ、考えれば考えるほどキリがなくなって、迷路にハマってしまう方も多いでしょう。そこで、応用テクニックをお教えします。それは、**名前の由来を知ったとき「なるほど、そういう意味か」というような感動を与えられる仕掛け**です。

たとえば、料理レシピの検索サービス「クックパッド」は、料理の「ｃｏｏｋ」とメモ帳の「ｐａｄ」、２つの単語を合わせた名前です。料理をしたいときや料理中、気楽に調べられる「レシピのメモ帳」を意識したそうです。料理に関わる人すべてに向けたサービスだと、名前だけで説明できているところが素晴らしいですよね。

アメリカのファストファッション「フォーエバー21」、直訳すれば「永遠の21」です。名前の意味は「人生でもっとも輝く21歳のココロを永遠に持ち続ける人々のためのブランド」だそうです。「誰のために、どうなってもらいたいか」というコンセプトがダイレクトに反映されているブランド名には、訴える力がありますね。

名前のコツ２　覚えやすい、発音しやすい、検索しやすい

コンセプトや世界観から想像しやすいワードを考えてみましょう。海外セレブ系ファッションを扱うショップなら、英語を使いたくなるでしょう。ネットショップは全体的に英語のショップ名が多いですが、たとえばパリジェンヌをイメージするフレンチシックな商品を扱うなら、フランス語を使う手もあります。商品とイメージが合えば、イタリア語、スペイン語もおしゃれに聞こえそうです。

ただし、読み方がわかりづらい、自分では書けないショップ名はNGです。お客さまが覚えられず、再びあなたのショップに辿りつけない、なんてことが起きかねません。

さらにポイントは、**文字数はなるべく少ないほうがいいです。最強は4文字**。「メルカリ」「アマゾン」「グーグル」など、多くの有名企業は4文字ですよね。4文字はリズムがあって、耳になじみが良く覚えやすいという特徴があります。

名前のコツ3　文字の持つイメージを生かす

アルファベットにもそれぞれ、多くの人が抱きやすいイメージがあります。たとえば、「S」には「超」の意味のスーパーや「Sクラス」、そんな言葉が思い浮かびます。クールでおしゃれ、評価が高いイメージです。「M」には女の子らしいかわいらしさ、優しさが感じられ、フェミニン系やガーリー系アパレルのショップ名に似合いそうですね。「Z」には、都会的、クール、エキセントリックな印象があります。

また、ハイブランドには「ラ行」を使うショップ名が多いといわれます。「ルイ・ヴィトン」「セリーヌ」「シャネル」「エルメス」「ブルガリ」「ロレックス」……偶然なのかもしれませんが、たしかに有名ブランドには「ラ行」の文字が入っていますね。

名前のコツ4　他の企業とかぶっていないかをチェック

ショップ名の候補がいくつか出てきたら、ここから絞っていきましょう。

まず、Google（グーグル）で検索して、同じショップ名を使っているところがないか調べます。もし同じショップ名が見つかったら、それはどんなジャンルかを見てください。ジャンルも同じだった場合は、残念ですが却下となります。お客さまが検索したときに、同じジャンルで同じ名前では混乱してしまうからです。

もし同名の他のジャンルだったとしても、相手が大企業や有名なショップだったらこれも避けてください。彼らは宣伝のために大きなお金をかけています。検索すると彼らのほうが先にヒットしてしまい、あなたのショップまで訪ねてもらえません。

「他とかぶらない」もので、さらに「埋没しない」ショップ名は有力候補です。単語一語のショップ名を考えていて、もしかぶってしまったときは、2つの言葉を組み合わせてショップ名にするという手もあります。

リサーチする中で、今まで思いもよらなかったショップ名の候補が浮上してくることもあるかもしれません。すでに成功しているショップがどんな名前をつけているかは大いに参考になります。このジャンルは漢字のお店が多いな、ひらがなが多いなといったジャンルの特性も見つかるかもしれません。この時点ではショップ名の練り直しは大賛成、粘りに粘って、最高の1つを選び出してください。

将来を考えて商標登録ができる名前かを調べてみよう

将来あなたのショップが成功したときのために、**商標登録ができる名前かどうかも調べておきましょう**。商標とは、あなたの商品が他社（者）の商品とは違うことを見分けるための目印です。すでに商標登録がされているか、簡単に調べる方法があります。

特許情報プラットフォーム「Ｊ－ＰｌａｔＰａｔ」
https://www.j-platpat.inpit.go.jp/

オンライン商標登録サービス「コトボックス（Ｃｏｔｏｂｏｘ）」
https://cotobox.com/primer/about-trademark/

商標登録には料金がかかります。この時点ではまだ取る必要はありません。実際にネットショップが動き出して、成功しそうだなと思ってからでかまいません。

世界観に合ったショップロゴにチャレンジ！

BASE Appsからオリジナルロゴをデザインしてみよう

次はいよいよ、あなたのネットショップのロゴを作ってみましょう。ロゴとはショップ名を装飾化した文字のこと。お客さまの、最初に目に入る「看板」のようなもので、ショップのイメージを決める大きな要素です。

そういわれると気構えてしまいそうですよね。今はまだショップの方向性を模索中のはずです。ここは仮のデザインと思って、考えすぎずにまずは作ってみましょう。何かイメージが違うなと思ったら、あとから修正もできるので安心してください。

成功しているショップほど、ロゴはシンプルです。こだわりすぎて目立つものを作ろうとすると、サイト内の世界観と一致せずにイメージが崩れやすくなります。

作り方は簡単です。ＢＡＳＥで「ショップロゴ作成」のＢＡＳＥ Ａｐｐｓをイン

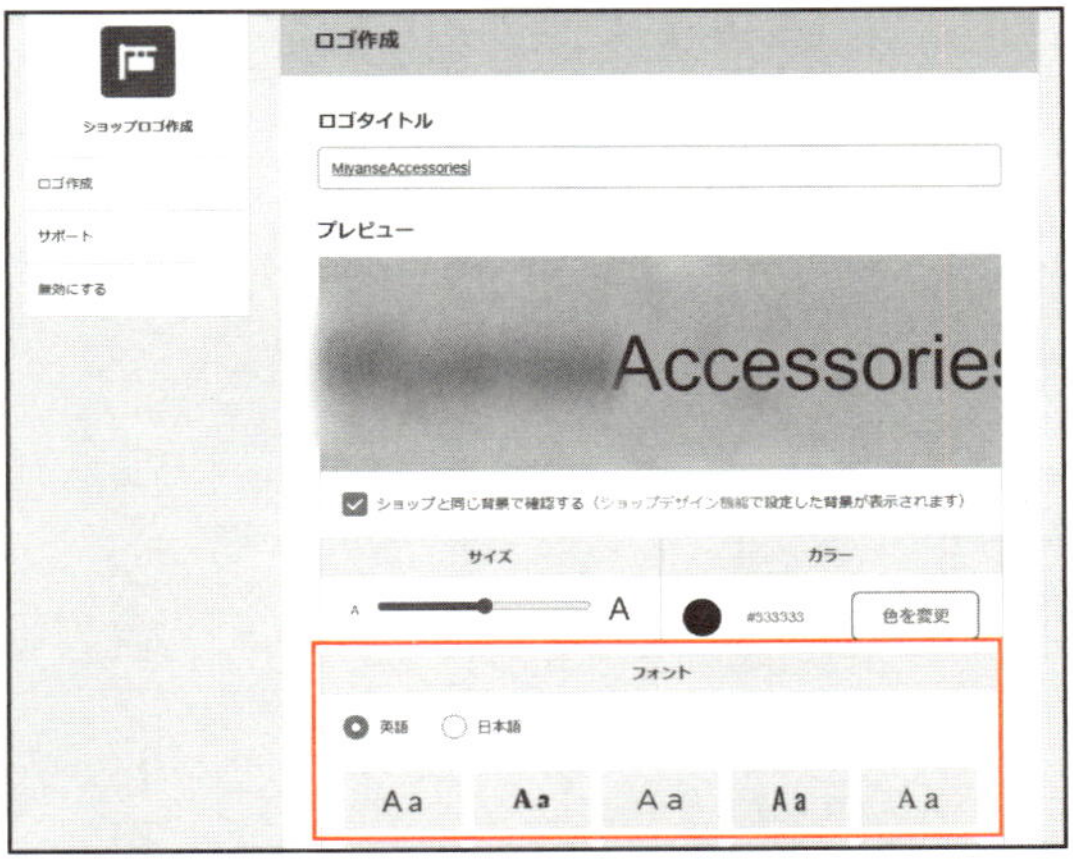

フォントは「日本語」「英語」があり、それぞれ20書体の中から選ぶことができる。

ストールするとロゴ作成のページが出てきます。「ロゴタイトル」にあなたが決めたショップ名を入れるとプレビューにアップされます。文字のサイズ調整ができるので、バランスのいい大きさにしてみましょう。

「カラー」は、ひとまず黒にしてください。つい色をつけたくなりますが、色のイメージが先行してショップ全体のデザインのジャマになることがあります。この段階では**背景は白、文字色は黒**でいきます。

ロゴは、日本語と英文字があり、フォント（書体）を選べます。プレビューで確認できるので、いいなと思ったものを選びましょう。

できあがったら「このロゴをショップに設定する」をクリックすれば完成です。

BASEのデザインテーマを使ってラクラクデザイン

ショップコンセプトを伝える、印象に残るデザインを！

次に、ショップデザインを決めていきましょう。実店舗でいえば店内ディスプレイのようなものです。商品がきれいに陳列された居心地のいいお店なら、楽しい買い物時間が過ごせますよね。

それはネットショッピングでも同じです。ショップロゴ（看板）がおしゃれで、商品も見やすく並んでいたら、スクロールするのも楽しくなって、滞在時間も長くなるでしょう。気に入ってもらえたら、再訪してくれる可能性も高くなります。いいショップデザインは、お客さまに強い印象を残すことができます。

あなた自身がネットショッピングするときも、無意識の中でデザインの良さ、悪さを感じ取っていると思います。色づかいや写真の配置にセンスがないなと思うショップはなんとなく敬遠してしまいませんか。やはり、デザインが良ければ良いほど、お客さまは「ここは本物っぽい」「おしゃれだし買いたい」と感じてくれるのです。

ただ、多くの方は今までデザインなんてやったことがないと思います。ここでは初心者でもプロのような世界観を作れる方法をお教えします。

デザインの一番の核となるものは「構図」です。デザインにおいての「構図」とは、どこに何が配置されているのかを表します。写真の大きさ、文字（フォント）、色合い、それぞれに、お客さまに世界観を伝える大切な役割があります。

「でも、デザインなんてしたこともない！」と不安に思った方、大丈夫です。**BASEにはたくさんのデザインテーマ（サイトをおしゃれに飾るデザイン枠）が用意されています**。

デザインのコツを知らない人が自力でイチからデザインしようとすると、何が原因でイマイチになっているのかに気づかないことがあります。でも、デザインテーマを利用すれば、効率的にクオリティの高いデザインを手に入れられます。

まずは、準備から入りましょう。

何がいいデザインなのか？　ゼロから勉強するわけにはいきませんよね。それならすでに成功しているショップのサイトを見て、参考にするのが一番の近道です。

ぜひ見ていただきたいのが、この3つです。

①ウェブ上のデザインのギャラリーサイト「I/O 3000」

https://io3000.com/tag/ec/

国内外のセンスのいいウェブデザインの全ジャンルが集まっています。カテゴリー、キーワードのタグ、色からも検索できます。

②BASEのショップ事例

https://thebase.in/category

BASEを利用して開設した140万店舗以上の中からセレクトされた、おしゃれなショップデザインを見ることができます。カテゴリーや地域からも検索できます。

③ネットショップ作成サービス「カラーミーショップ」

https://shop-pro.jp/example/

カラーミーショップのデザインテーマを利用してデザインされたショップが、地域、商品ジャンルが併記されてわかりやすく紹介されています。

BASEデザインテーマからおすすめ3作品を紹介

では、いよいよデザインに入ります。

BASEのサービスサイトから「デザイン」の「DESIGN MARKET（デザインマーケット）」を選択しましょう。有料のデザインテーマがたくさん用意されています。

無料のデザインテーマは商品を表示するだけのシンプルな設計のため、あまりおすすめできません。お客さまから「なんだか素人が作ったサイトみたいだな」と思われやすいからです。

一方、有料のデザインテーマはどれもハイクオリティです。プロのクリエイターが自作のデザインテーマをBASEに応募し、厳しい審査を通ったものだけが販売されています。万が一、不具合が出たら、BASEからどんどん修正を求められるので、アフターメンテナンスの面でも安心です。

料金は一点5000~1万3000円ほど。月額利用料や定額制料金（サブスクリプション）ではなく、買い切りの金額です。おしゃれなものが多く一気に世界観ができあがりますので、ここは先行投資と思って有料デザインを購入してください。

有料デザインテーマの中から、おうちネットショップと相性のいいデザインをお教えします。

Natura

Natura（ナチュラ）7600円

どんな商品にも対応できそうなシンプルでナチュラルなデザインです。「イメージバナー」「上部サイドバナー」「下部サイドバナー」が各2枚ずつ、合計6枚のリンクバナーが設定できます。入荷、セール、イチオシ商品など、たくさんのインフォメーションを届けられるようにデザイン設計されています。

商品画像サイズは1×1の正方形で、

アパレルショップ向き。さらにスマホ閲覧時、商品一覧の並び方を2列、3列から選ぶことができ、スクロールを少なくすることでストレスを感じさせない見せ方ができます。各商品ページには同じ位置に購入ボタンが表示されるので、スマホでの操作性も機能的です。無駄がなくシンプルですが、決して安っぽくなく洗練されたデザインです。

DEPARTMENT

DEPARTMENT（デパートメント）5500円

たくさんの商品が並ぶ「デパート」のように、商品数の多いショップ向きのデザインです。トップページに多くの商品を表示できるので、最初に訪問したお客さまが、すぐにどんなショップかわかるようになっています。

トップの画像は、スライドも選択可能で最大4枚まで表示できます。世界観を一

Stockholm

気に紹介できるのでおすすめです。

フリースペースも随所にあり、画像や文章などでお客さまに伝えたいことをカスタマイズできます。「利用しているショップ」から、実際にこのデザインを使っているショップが掲載されているので参考になります。

Stockholm（ストックホルム）8250円

デザイン名の通り、北欧をイメージさせるスタイリッシュでミニマムなデザインです。「About（わたしたちについて）」「Feature（3つの特徴）」などブランド・ストーリーを書けるスペースがたくさんあり、ショップコンセプトやこだわり、商品の背景などをしっかり伝えられます。ネットショップにありがちな、商品がずらりと並んで文字が少ないショップは、オーナーの思いが伝わりにくい側面もあるので、文章を書くのが得意、伝えたい思いがあるオーナーさんにとくにおすすめです。ブログ機能を使った「お知らせ機能」も充実で商品の入荷、セール情報など、ショップ・ニュースに活用しやすくなっています。アパレルはもちろん、雑貨、アクセサリー、家具などモノ系の商品にも展開できます。

BASEの「スタイル」でフォントとカラーを設定

次に、あなたのショップのイメージに合うカラーを考えましょう。

たとえば、ファンシーでかわいい系の洋服が並んでいる画面は、パステル調で統一されていることが多いです。メインカラーはピンクやベージュなど。そこに黒やエンジなどダーク系の色を入れると一気に世界観が崩れてしまいます。**色数は抑えて、メインカラーとサブカラーの2色使いが無難です。**

背景は、シンプルに「白」がいいです。間違いなく商品画像が引き立ちます。

フォントも同じです。スタイリッシュな商品に丸文字、かわいい系の商品に和風な文字などは違和感を与えてしまいます。**イメージに合うフォントを選びましょう。**

ショップの顔となるトップ画像とバナー画像を作ってみよう！

デザインの核となる「構図」を考えるためのステップ

デザインテンプレートをインストールした時点では、まだ何も画像は入っていない状態です。ここから実際にテンプレートに入れ込む「トップ画像」と「バナー画像」を作ってみましょう。

トップ画像とは、サイトを開いて最初に出てくる大きな写真のことです。トップ画像には、ショップのイチオシの商品を入れてください。「私のショップといえば、これ」という、代表的な商品です。

その下をスクロールしていくとバナーというものが出てきます。**バナーとは直訳すると「旗」「横断幕」「のぼり旗」といった意味です**。

サイト内のいろいろなところに配置され、クリックすると別のページにリンクさ

印象的なトップ画像。ショップの世界観がよく伝わってくる。

特集のバナー。思わずクリックしたくなる華やかさがある。

れます。

バナーは、サイトを訪問してくれた人の目を引きつけて、他の情報に誘導するための目印です。

お客さまにもうワンクリック行動してもらうために、「特集」「セール情報」「人気ランキング」「おすすめ商品」など特別な情報を配置して、興味を持ってもらえるようなデザインにしなければいけません。センスのないバナーでは、クリックする気持ちが起こらずスルーされてしまいます。

無料ツールでプロのような仕上がりに！

先ほど、「トップ画像にはイチオシの商品を」とお伝えしましたが、オープンから間がなくて「まだおすすめの写真なんてない！」というときは、おしゃれなフリー画像を使います。

O-DAN

トップ画像の制作に便利な無料ツールを紹介します。

著作権フリー、ハイレベルな写真を検索、無料で使える

O-DAN（オーダン）

https://o-dan.net/ja/

海外の無料画像素材サイトです。日本の画像サイトだったら何千円もするような写真が無料で使えます。

まずサイトにいくと、検索窓の下にある「商用利用可の無料写真素材のみ」にチェックを入れてください。たとえば、検索窓に「犬」と入れると、たくさんの犬の写真が出てきます。これはみんな無料で使えます。

左側にストックフォトサイトの名前がリストアップされています。おすすめは「Unsplash（アンスプラッシュ）」「Reshot（リショット）」「Pexels（ピクセル）」です。ここから、あなたのショップ

remove.bg

の世界観に合った写真、または世界観から連想できる写真を選んでダウンロードしてください。

「背景透過」が一瞬でできるデザインツール

remove.bg（リムーブ・ビージー）

https://www.remove.bg/ja

使いたい画像があるけれども、背景がショップのイメージに合わないなど、商品画像のみ使いたい場合、背景を消して切り抜きの状態（背景透過）を作ってくれます。使い方は簡単、ウェブサイト上にある枠の中に使いたい写真画像をアップロードするだけです。ネットショップの商品画像なら、無料の「小サイズ」で十分対応できます。小サイズだと画像が鮮明でないときは、有料を選んでください。

Canva

ハイレベルのグラフィックデザインが無料

Ｃａｎｖａ（キャンバ）

https://www.canva.com/ja_jp/

ウェブデザイナーがよく使う「フォトショップ」という写真加工ができるグラフィックソフトがあります。Ｃａｎｖａはフォトショップと同じ機能を持ちながら、専門知識がなくても使うことができるサイトです。

特別にソフトを購入したり、アカウントを取得したりする必要もなく、プロがデザインしたさまざまなテンプレート（無料、有料あり）は、すでにレイアウトやフォントが組み込まれているので、悩むことなくおしゃれな写真加工ができます。トップ画像やバナー画像作成におすすめです。

副業でおうちネットショップを始めた私の生徒の

ＯＬさんで、Ｃａｎｖａの無料テンプレートを使ってプロのデザイナー並みのサイトを作った方がいますが、オープン３カ月で月間利益１００万円を達成しました。

では、これらのツールを使って、具体的にどうデザインしていけばいいでしょうか。それには、３つのパターンがあります（次頁で実際に制作した画像を載せています）。

①Ｏ－ＤＡＮの画像＋文字Ｃａｎｖａ

Ｏ－ＤＡＮから画像をダウンロードして、そのままテンプレートに埋め込む方法です。文字はＣａｎｖａを利用して、上に載せているだけです。

②商品画像をｒｅｍｏｖｅ．ｂｇで背景透過＋Ｃａｎｖａで加工

商品画像を背景透過して商品のみの切り抜きの状態を作り、Ｃａｎｖａで背景に色を敷き重ねる方法です。図形と文字を組み合わせることもできます。

③商品画像（背景透過なし）＋Ｃａｎｖａで加工（文字や図形）

商品は背景透過せず、そのまま使い、その横に文字や図形をおいています。雰囲気が変わります。

①画像 O-DAN＋文字 Canva

②背景透過 remove.bg＋Canva で加工

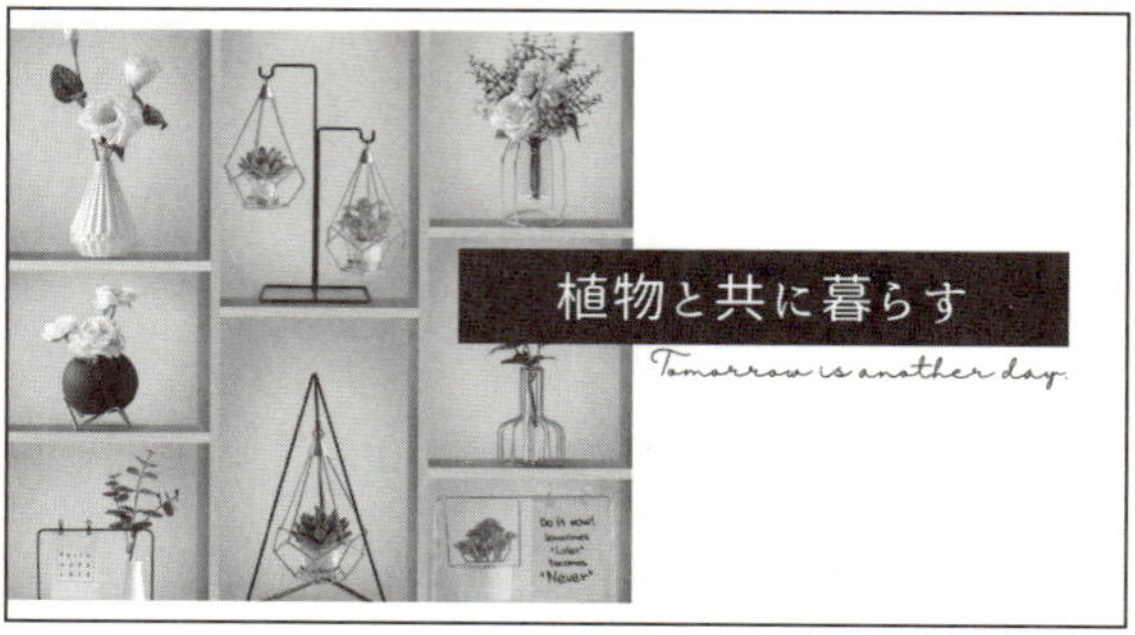

③商品画像＋Canva で加工（文字や図形）

ここでトップ画像やバナー画像に使用する色選びのコツを1つ。**ここに使う色が「テーマカラー」となり、ショップの印象を大きく左右します。**メインカラーをすでに決めた方も、トップ画像とバナーを決める際にぜひもう一度見直してください。

また、**「その他の部分（フォントの色やメニューバー、ボタンなど）」**には、**トップ画像やバナーの反対色は使わないのが基本**です。トップ画像やバナー以上に目立ち、サイト全体が乱雑に見えてしまうからです。

さあ、ここまでくれば、今までなんとなく見ていたネットショップも、デザインの視点から見られるようになっているはず。あなたはもうデザイン初心者ではありません。「これは素敵だな」「見やすいデザインだな」と思える感性がだんだんと育っているはずです。

おうちネットショップ
成功オーナーさん
interview 2

孤独でストレスフルな仕事から解放され、自由を満喫

data
名前
めぐみさん（41歳）
茨城県在住
家族構成
夫、長男（5歳）
スタート時期
2020年1月
月間利益
100万〜150万円

ブランディングはとても大切。ロゴはプロに頼んでセンスよく

2020年1月、20代から40代向け、ナチュラルカラーを中心とした「大人カジュアル」なショップをオープンさせました。品の良さの中に遊び心のある、大人世代にぴったりなアイテムを出品しています。

かつては、某ブランドの小売業の会社で販売促進やマーケティングを担当していましたが、結婚後、夫の海外赴任が決まってしまって。それまで順調にキャリアを積んでいたのに仕事を辞めなければならなくて、とても残念でした。そのときから「住む場所に関係なく自分の好きな仕事をしたいなあ」と思い続けていました。

在宅でできるフリーランスのウェブデザインの仕事を始めたのですが、帰国と出産が

重なったこともあって、いただいた仕事がうまく回せなくてパンパンに。こういうお仕事はつらいなと思っていたとき、よしきさんのＹｏｕＴｕｂｅ動画に出会いました。「おうちネットショップなら今までの経験が生かせるかもしれない」とチャレンジして１年半、今は月１００万〜１５０万円ほどの収益があります。

お店作りでこだわっていることは「どこにでもあるショップにはしないこと」。お客さまにとって特別なショップでありたいと思っています。

そのためにはブランディングがとても大切です。ＢＡＳＥならロゴを簡単に作ることができますが、あえてプロのデザイナーさんにお願いしてさらにセンスよく仕上げました。商品のセレクトにもショップコンセプトからずれないように気をつかっています。商品リサーチは、ターゲットの年齢層に合う雑誌をウェブマガジンで定期購読して、ファッション動向を調べるようにしています。

よしきさんのセミナーを受講すると、「商品をたくさん出品するように」という課題があるのですが、同じ作業が続いてちょっとつらくなってしまいました。そこでオープンしたあとは早い時期にこの出品作業は外注化してチームを作ろうと決断しました。仕事の振り分けなどシステム化していくのに少し時間がかかりましたが、今は信頼できる

4人のスタッフさんと楽しく仕事をしています。

インスタグラムから生まれたお客さまとの交流は革命的!

フリーランスのウェブデザイナー時代を振り返ると、子どもが夜泣きして大変な時期に締め切りに追われ、いつもプレッシャーだらけでした。今はコンスタントに仕事があって、自分ですべて仕事の配分を決めて時間のコントロールができるのがいいですね。

それに、ウェブデザインは孤独な作業でした。わからないことがあるとそこで行き詰まってしまい、誰に聞いたらいいのか悩むことも多かったです。今は毎日スタッフさんとスカイプでやりとりしながら、楽しいおしゃべりも交えて仕事ができています。皆さんママさんなので話も合うし、「私は1人じゃない、いつでも相談できるんだ」という安心感があります。

集客にはインスタ広告が大活躍しています。フォロワーさんと仲良くなって、どういうものがほしいかリサーチさせてもらうこともあります。

じつはショップのオープンがきっかけでインスタデビューしたのですが、SNSを使ってお客さまとやりとりできるのは私にとって革命的でした。直接の反応はやっぱり嬉しいですね。もっといい商品を出品して喜んでもらいたいという気持ちは、仕事のモチベーションにもつながっています。

子どもは、いつも在宅で仕事をしている私のことをちゃんと見ていてくれるようで「ママ、今日もお仕事がんばってね！」という手紙をくれたりします。

夫も、今までとは違う何かを始めたかった私の気持ちを理解してくれています。ときどき「今度の旅行はママに連れて行ってもらおう」なんて言っていますが（笑）。今までは働いている夫に「パパ、お願い！」と出費を頼んでいたことが、「ここは私が出しておくね」なんて、さらっと言えるようになってきたのが嬉しいですね。

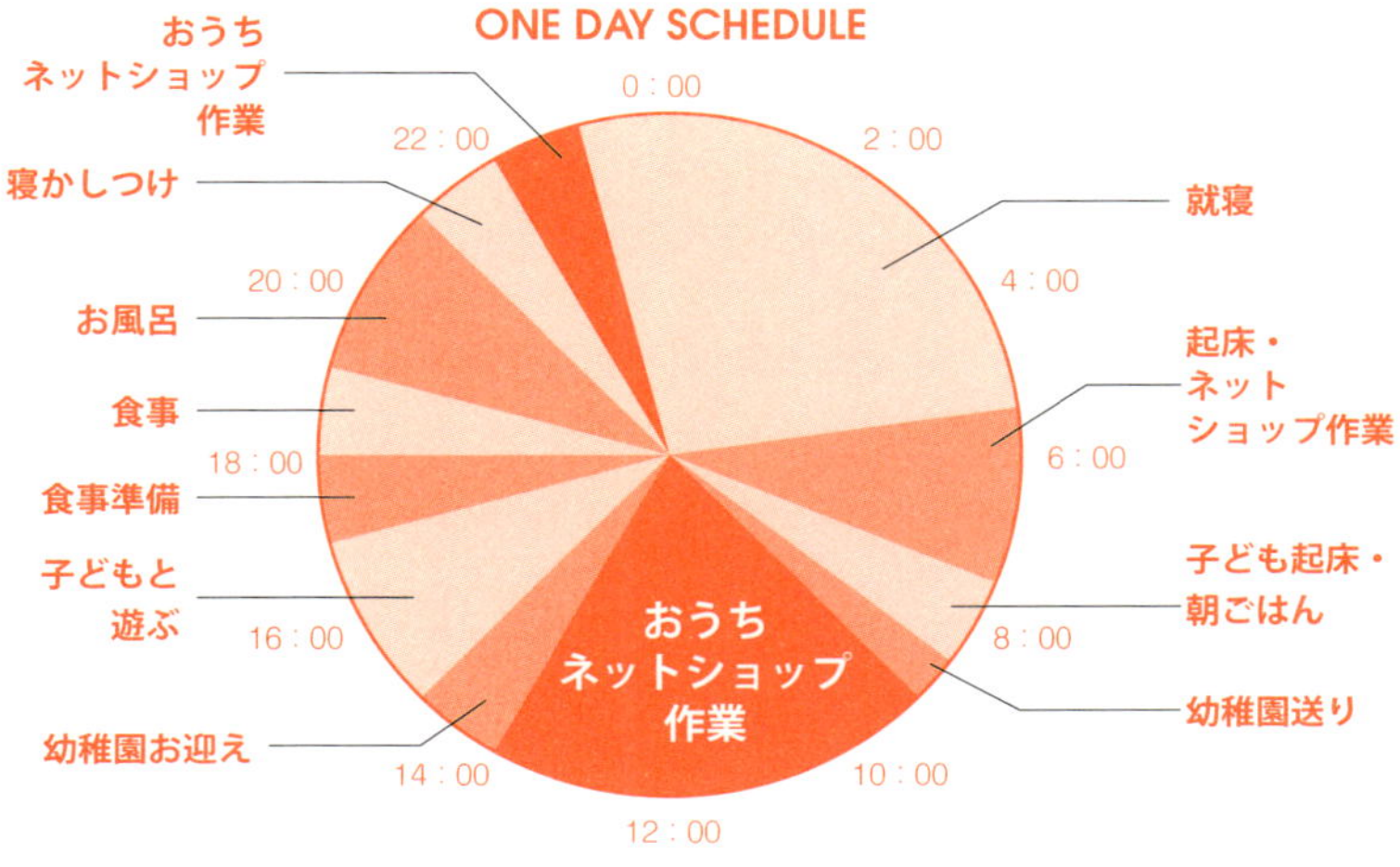

第4章

おうち ネットショップを 運営する（基本編）

～わくわくドキドキの仕入れにも心強い味方が

実店舗にたとえるならば、お店の場所も借りて、看板も作って、品物も並べる棚もレジも入れた……それが今のあなたのネットショップの状態です。さあ、**ここからは日々のショップ運営が始まります。**この章では、**販売する商品を選んで、仕入れ先を決めて、いくらで売るかの値つけも行っていきます。**ここは売上に直接かかわってくる大切な基本のキ。ここをクリアしたら、あなたはもう立派にネットショップオーナーです！

中国の物販サイト「タオバオ（淘宝网）」「アリエクスプレス」って何？

短期間でいい結果が出やすいのが中国物販サイト

ここからは、あなたのネットショップに出品する商品を絞り込んでいきます。実店舗では、販売する商品をなんらかのルートで「仕入れ」ます。ネットショップも同様に、出品（＝販売）する商品をなんらかのルートから仕入れます。仕入れ先は商品ジャンルによっていろいろあります。たとえばアパレル系の場合は次のような仕入れ方法があります。

①専門街や展示会で仕入れる

東京なら五反田ＴＯＣビル（東京卸売りセンター）や馬喰町、大阪なら船場、名古屋なら長者町など、全国各地にアパレル専門の仕入れ街があります。実際にこうした仕入れ専門街に出かけ、**連絡をとってお店と直接交渉して購入するという、昔ながらの仕入れ方法**です。一般的には実店舗を持つ業者向けですが、個人でも取引できる店があります。

また、東京ビッグサイトなどの大きな会場で年数回行われる「アパレル展示会」は、新作商品の受注・商談の場としてよく利用されます。出店者（ブランド）と直接交渉ができる仕入れ方法です。

②国内のインターネットサイトから仕入れる

「ＮＥＴＳＥＡ（ネッシー）」「ＴｏｐＳｅｌｌｅｒ（トップセラー）」「スーパーデリバリー」など、数多くの仕入れサイトがあります。日本の会社が運営している仕入れサイトなので、ふだんネットで買い物をする感覚で、初心者でも簡単に利用できます。

ただし、楽天市場で出品されている商品などは、これらのサイトから仕入れたものが多く、**いろいろなネットショップと商品がかぶってしまう可能性**があります。

また、取引をスタートするための条件が厳しかったり（法人に限定するなど）、審査を受ける必要があったりするサイトも。ネットショップ初心者や副業向けにはハードルが高いサイトもあります。

③海外のインターネットサイトから仕入れる

アメリカ、ヨーロッパ、中国、韓国など、海外にも数多くの仕入れサイトがあります。アパレルの全ジャンルをカバーしているサイトから、古着やアクセサリーなどの専門サイトまであり、レアな商品を見つけることができます。ただ、日本語対応していないサイトもあるので、Google（グーグル）の翻訳機能を使うなど工夫が必要です。

では、おうちネットショップはどこから仕入れたらいいでしょう。③は海外のサイトなので、ハードルは高めではあります。でも、初心者の方でもチャレンジしてもらいたいのがここからの仕入れです。なぜでしょう？

誰でも、早めに成功体験を得たいですよね。何カ月も運営して、ほとんど売れないネットショップって、モチベーションが上がらないですよね。でも、海外仕入れサイトを利用したネットショップなら、早く売上が出せる可能性が高いのです。しかも、無在庫販売が可能なため、在庫のリスクが最小限で抑えられます。

海外サイトの中でもおすすめは、中国の物販サイト「タオバオ」と「アリエクスプレス」です。どちらも日本との価格差があって利益が出やすい商品が数多くあり、経費を差し引いても十分な利益が生み出せるからです。

「ネットショップ初心者なのに、いきなり海外サイトから仕入れるなんてできるのだろうか」と不安に思う方もいるかもしれません。大丈夫、いくつかポイントを押さえれば難しくはありません。できれば、「タオバオ」「アリエクスプレス」を同時に使いながら、あなたの扱う商品がどちらに向いているか検証することをおすすめします。

10億点以上の商品がある「タオバオ」

タオバオ（淘宝网）

https://world.taobao.com

中国のＩＴ企業大手「アリババグループ」が運営する最大規模を誇るオンラインモールです。「見つからない宝物はない、売れない宝物はない」がキャッチフレーズ。「楽天市場の中国版」といわれることも多いのですが、商品数では楽天市場をはるかにしのぐ10億点以上の商品を扱っているといわれます。

日本の問屋さんなどから仕入れたら3000円はする商品が、タオバオなら500円、高くても1000円程度で仕入れることができます。**単品購入も可能なので、個人レベルでも利用しやすく**、今や中国輸入の仕入れ先ナンバー1の人気サイトです。

レディースアパレルをオープンさせた、私の生徒さんであるIT初心者のママさんは、タオバオとの取引に挑戦、初めてのことで最初は少し不安だったようですが、すぐに月間利益80万円を達成しています。

タオバオは基本的に中国人を相手にしたサービスで、公式サイトは中国語のみです。グーグルクロームの翻訳機能を使って「日本語」に変換してみると便利です。すべてが正しい日本語にはなりませんが、だいたいは理解できます。

それでも、**よほど中国語が堪能な人以外は直接の取引は難しいでしょう**。タオバオは中国国内向けのサイトのため、取引先は外国人ではなく、中国人を想定しています。何かトラブルがあったときには、中国語で対処しなければなりません。

返品、返金の基準は中国ルールに従うことになります。日本ではちょっとしたほころびや雑な縫製が見つかったら返品できますが、中国では明らかな欠品だと判断されない限り、クレーム対応してもらえない可能性があります。

おうちネットショップのお助け人「輸入代行業者」

そこで、タオバオから商品を仕入れるときは、仲介役として、**日本語で対応してもらえる「輸入代行業者」**を利用するのが一般的です。

輸入代行業者は、あなたからの発注を受けたあと、日本のお客さまへの直接配送までに発生する作業のすべてを請け負ってくれます。インターネットショップ全盛の今、中国物販サイトの需要の高まりに伴って、たくさんの輸入代行業者が生まれています。どこも日本との取引に慣れているので、初めての利用でも心配はいりません。

輸入代行業者については、160頁からの項で詳しく解説します。

取引上の心配はないとはいえ、タオバオを利用する場合、中国から日本へ送る国際送料に加えて、輸入代行業者への月額会費や代行手数料などが経費としてかかります。仕入れ値自体は安くても、そこにこれらが追加され、さらにＢＡＳＥへの手数料や利用料が上乗せされるとなると、それなりに販売価格が高い商品でないと利益が出ません。**1000円以下や1000円台の安い雑貨より、3000円以上の値段がつけられるアパレル系の商品が向いています。**

ワンピース、スーツ、ジャケットなどは3000円や4000円の価格がついても、それほど高いとは感じないですよね。値段が多少高くても購入してもらいやすいのがアパレル系なのです。

幅広いジャンルの商品が狙える「アリエクスプレス」

アリエクスプレス
https://ja.aliexpress.com

「タオバオ」と同じく「アリババグループ」が運営する海外向け物販サイトです。「アリエクスプレス」のサイトをクリックすると、自動的に日本語表示の「アリエクスプレス・ジャパン」に移動するので、日本語で閲覧できます。

メリットは、他の中国物販サイトに比べて**価格が非常に安い**ことです。しかも**国際送料も安い傾向があり、中には無料配送の商品も**あります。

「商品の値段が安いうえに、送料無料だなんてなぜ？　大丈夫なの？」と思うかもしれませんが、その理由はコンテナで大量輸送するため。たくさんの荷物をまとめて日本へ送るので、1つあたりの送料を抑えることができるのです。

しかも、タオバオのように輸入代行業者を通す必要もありません。経費は商品価格と国際送料のみなので、金額の低い**雑貨のようなものでも利益があがります**。扱える商品の幅が広がるのは、タオバオよりアリエクスプレスといえるでしょう。

私の生徒さんのある動物好きなママさんは、動物をテーマにした小物雑貨のショップをオープンさせました。アリエクスプレスとの取引だけで、月間利益20万円を達成しています。

タオバオと違い、商品は日本の購入者への直送もしてくれます。つまり、輸入代行業者を利用する必要がありません。また、**購入保証もあります**。もし破損したものや注文と違うサイズ、色が届いたときはアリエクスプレスが業者に返品、取り替えを促してくれます。アフターフォローがきちんとしているので安心ですね。

「検品」という、物販の大きな問題

おうちネットショップは「無在庫」で行うため、「タオバオ」「アリエクスプレス」などで仕入れた商品は、あなたを経由せずに購入したお客さまへ直接届きます。

あなたを経由するのであれば、商品の品質などをチェックする「検品」の作業は、あなた、もしくはあなたが依頼した日本の外注スタッフなどが受け持つことができますが、それができないため、別の誰かに検品作業を依頼しなくてはなりません。

タオバオの場合は、輸入代行業者が検品を受け持ちますが、アリエクスプレスは代行業者が間に入らないので検品がありません。もちろん、中国の出品業者が悪意を持って粗悪品を作ることはないにせよ、日本のお客さまの目のキビシサは世界一。ちょっとしたほつれやボタンつけの甘さなどがクレームにつながります。

不良品防止策として、質の良い商品を扱う傾向が強い販売業者を見極め、仕入れることが重要です。この見極め方については、このあと詳しく解説します（146頁）。

「お届け期間」は無在庫物販ゆえの泣きどころ

タオバオ、アリエクスプレスのどちらにもいえることですが、無在庫物販はお客さまの購入が確定したあとに商品を発注するため、お客さまの手元へ商品をお届けするまでに時間がかかります。**タオバオの場合は注文が入ってからお客さまの元へ届くまでに7～10日前後、アリエクスプレスの場合は14～21日程度見ておいたほうがいい**

でしょう。

アリエクスプレスはコンテナで大量輸送するため、荷物が揃うまで空港で待機する必要があり、余計に時間がかかります。アマゾンの即日発送に慣れている私たちには「ちょっと待たされるな」と感じてしまいますよね。

そのため、このお届け期間についてはしつこいくらい、ネットショップの「ショップAbout」や「商品ページ」で注意書きを入れる必要があります（詳しい記載方法は第5章で解説します）。

また、同じ商品を複数購入する場合にも戸惑うことがあります。

たとえばワンピースAをお客さまが5枚購入した場合。タオバオは輸入代行業者を通しているため、ワンピースAは5枚一緒に発送されてきますが、アリエクスプレスでは同梱はなく**1点ずつの発送**となります。また、**お客さまに届ける際の送り状が中国語や英語**になるので、海外発送だとわかると不安に感じるお客さまもいるかもしれません（タオバオの場合は輸入代行業者によっては日本語表記が選べることも）。

ただ、私や生徒さんたちの経験上、この送り状の表記でお客さまとトラブルになった例はないのでご安心ください。

タオバオで検索して出品商品をリサーチ

カテゴリー、キーワードより効率的なのが画像検索

では、タオバオであなたのネットショップに出品する商品を実際に探してみましょう。探す商品はもちろん、あなたが考えた「ショップコンセプト」に合った商品です。タオバオの検索機能を駆使して、商品を絞り込んでいきましょう。

探し方にはカテゴリー検索、キーワード検索、画像検索があります。

①カテゴリー検索

サイトのトップページの左上にある「カテゴリー」から商品を検索する方法です。まずタオバオのサイトを開き、画面左上のロゴの上が「日本」となっていたら、カーソルをそこに合わせて「中国大陸」に変えてください。

トップページの左上の「商品分类」にカーソルを合わせると、カテゴリーのツリー図が現れます。

表示はすべて中国語ですが、グーグルクロームで翻訳機能を使うと大まかな日本語で閲覧できます。

たとえば、ワンピースで検索してみたい場合を例に見てみましょう。

カテゴリー・レディースアパレルは一番上、「女装精品」です。クリックするとさらに細かい商品アイテムが表示されます。「连衣裙（ワンピース）」をクリックすると、一度、あなたのアカウントを確認するための登録画面が出てきます。アカウント取得時の登録名とパスワードを入力して商品ページを閲覧しましょう。

商品の金額を見るときはご注意を。「¥マーク」の金額が出ていますが、日本円ではありません。**中国通貨「中国人民元」での記載になっている**ので、ここの

数字に日本円レートで約17円（２０２１年4月現在）を掛けた金額が日本円です。

おすすめの検索方法は「金額の上限を決めること」。膨大な商品から絞り込むときに便利です。たとえば商品金額を日本円で１０００円以下におさめたいときは、「价格（価格）」の上限を「60元（１０２０円）」と入れて検索してみましょう。

また、画像の右下にカーソルを動かすと赤い帯状の「找相似（類似品）」ボタンが現れます。クリックすると色や形が似ているものが出ますので、選択の幅が広がりますよ。

②キーワード検索

タオバオの検索窓にキーワードを入れて検索する方法です。キーワードは中国語でないと反応しません。

グーグルの翻訳機能を使って、検索したいワードを入れてみましょう。

たとえばガーリーなワンピースを探したいなら「连衣裙 少女」、通勤用のワンピースなら「连衣裙 通勤」というように、複数の単語で商品を絞っていきましょう。

③画像検索

カテゴリーやキーワードよりも時間短縮で効率的に検索できるのが、画像を使った方法です。よそのサイトにあなたのネットショップで扱いたい商品が見つかったとき、その商品画像を使って検索します。

たとえば、大手ネット通販モールで「ブルーチェックのワンピース」が出品されていたとします。これをあなたのネットショップでも販売してみたいと思ったとしましょう。同じ商品がタオバオで取り扱われていたら、仕入れることができますよね。

さっそく検索してみましょう。

まず、お目当ての大手ネット通販モールの商品画像（ブルーチェックのワンピース）をパソコンに保存します。

次に、タオバオの「中国大陸」サイトに移動しましょう。

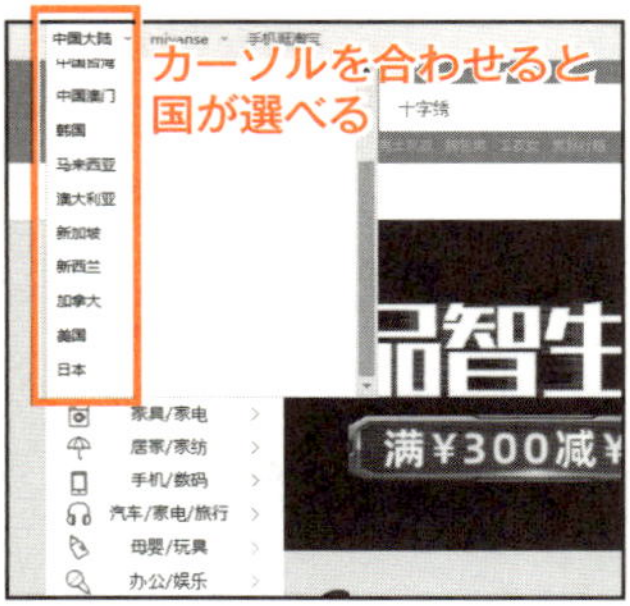

画面左上のタオバオのロゴの上が「日本」になっていたら、カーソルを合わせて国選択のツリー図を出し、「中国大陸」を選択してください。これでタオバオの中国大陸向けの表示が見られます。**検索窓になんでもいいので文字（日本語可）を入れて検索をかけると、次の画面で検索窓の右にカメラマークが出ます（左頁上写真）**。

カメラマークをクリックすると、画像の選択画面になります。先ほど保存した商品画像を選択しましょう。大手ネット通販モールの商品画像と同じものがたくさんヒットしましたね。ブルーチェックのワンピースはタオバオでも取り扱っていることがわかりました。

値段を見ると、安いものから高いものまでいろいろあります。さあ、

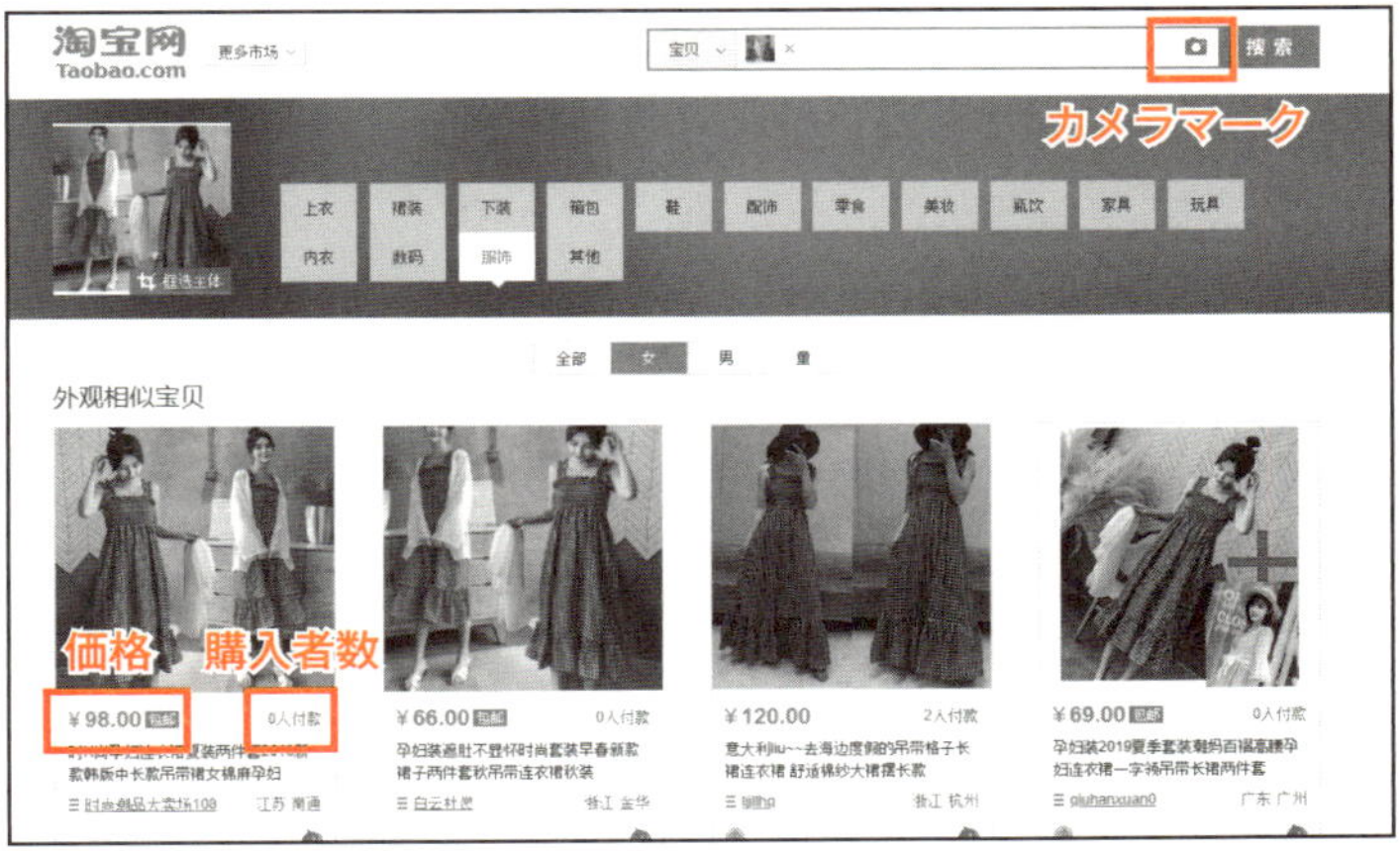

どこから仕入れたらいいでしょうか。

値段が安いところから仕入れるに越したことはありませんが、「安いけれど粗悪品」という可能性もなきにしもあらずです。次項を参考に優良出品業者を見極めてください。

1つの目安があります。**値段の横に「○人付款」とあるのは、この商品が購入された数です**。数が多いということは、たくさんの人がこの出品業者から買っているということなので安心材料の1つになります。

価格は中国人民元表示です。日本円レートの約17円で計算した金額が仕入れ金額となります。

ちなみに、この画像検索機能は本当に優秀で、同じ商品がない場合でも、かなり似た商品を探してきて、表示してくれます。ドンピシャで同じではなくても、似た商品から選ぶ手もあります。

「タオバオ」「アリエクスプレス」の優良出品業者を見極める方法

良し悪しを見分ける目安、タオバオの「評価ランク」

おうちネットショップを成功させるためには、良心的ないい出品業者をどれだけ見つけられるかにかかっているといってもいいでしょう。

では、出品業者の良し悪しは何でわかるのでしょうか。出品者の情報を調べてみましょう。

写真下の出品者名をクリックすると、この業者が他にどんなものを出品しているかがわかります。洋服の他アクセサリー、生活雑貨、電化製品など雑多に出品されていたら、アパレル専門店ではないと判断できます。それだと不良品に当たる可能性もある

ので避けてください。

上の画像の出品者は、店名の上に王冠マークが5つありますね。これは出品者の評価です。ランクには「ハート→ダイヤ→シルバー王冠→ゴールド王冠」の4クラスあり、ゴールド王冠が最高ランクです。さらにそれぞれ5段階評価に分かれています。

ハートはまだ出品歴が浅いのでおすすめしません。1つの目安にすぎませんが、**ランクが高いほど信頼できる業者ということで、ダイヤ以上を選びましょう。**

ここの王冠マークにカーソルを合わせると、さらに詳しいショップ評価が見られます（次頁）。「描述相符」は商品が画像通りだったか、「服务态度」はお客さま対応が良かったか、「物流服务」は配送の時間が適切だったかの評価です。5段階なので、**数字が大きいほど顧客満足度が高い**という意味になります。

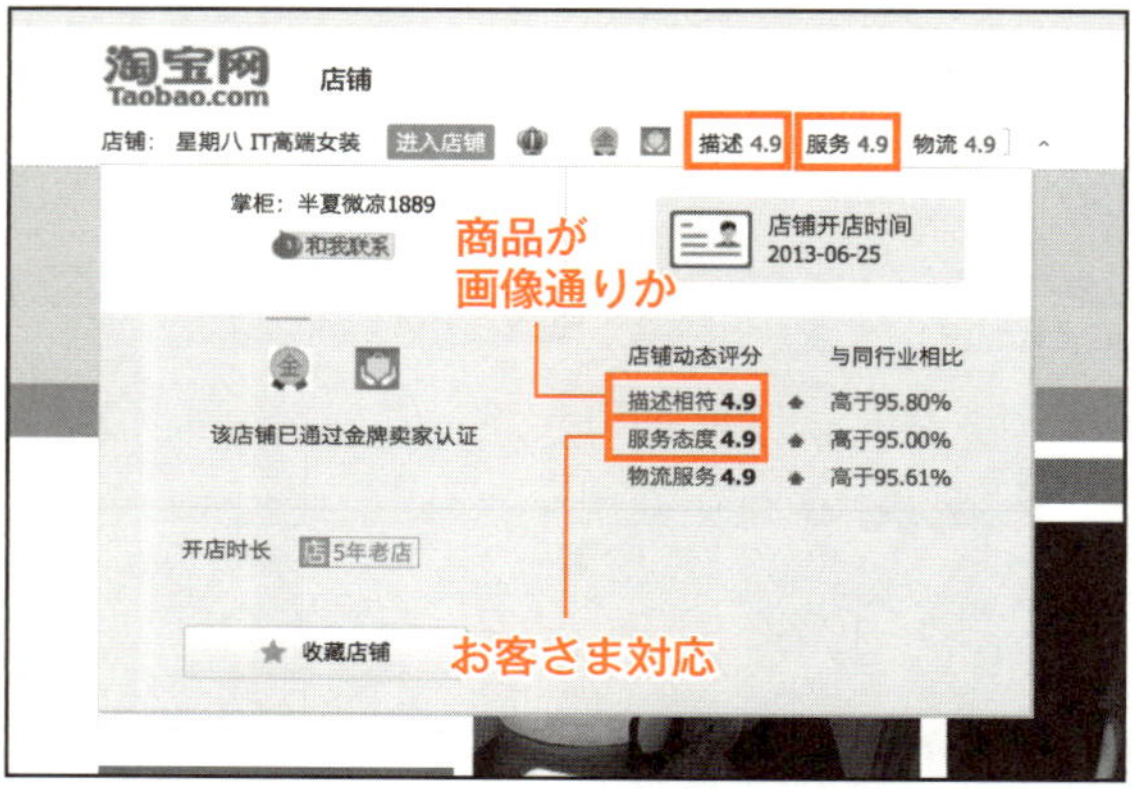

数字の右横の矢印は、同じ業界での評価が平均より高いか低いかを表しています。ただ、矢印の信憑性は曖昧なので、あまり気にしなくていいです。数字が高ければおおよそ大丈夫と思ってください。

商品の価格欄の右横にある「累计评论（レビュー）」もグーグル翻訳を使って訳してみるといいですよ。購入者のコメントと、評価（同様にハートからゴールド王冠で判定）がわかります。

「交易成功（購入数）」も目安になります。購入数が多いということは、中国本土の個人による購入だけでなく、他のショップもこの業者から仕入れている可能性があるから。皆さん、良い業者の見極め方を知っていますので、大きい数字は目安になります。ただ、この数字も裏技を使って捏造することがあるので絶対ではないと思ってください。

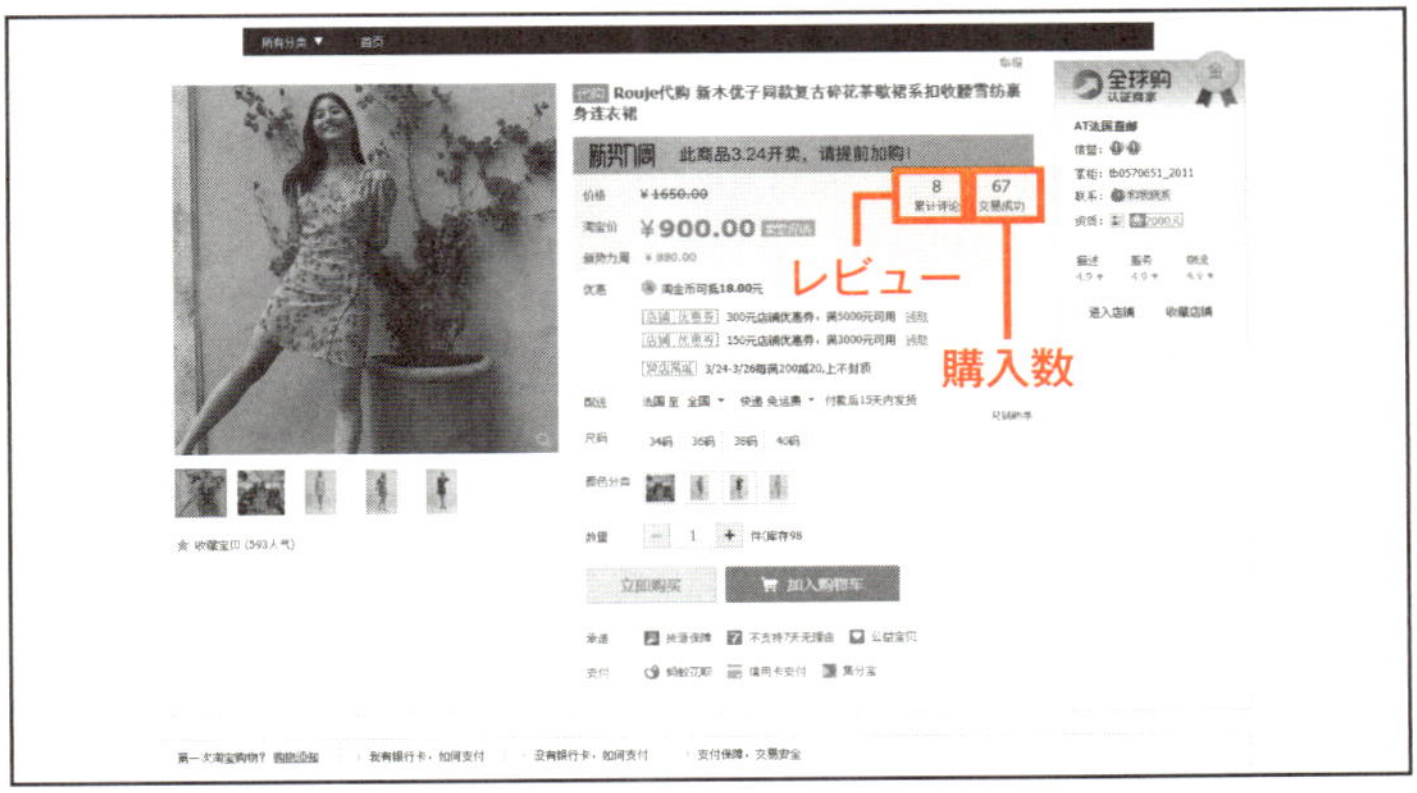

中国物販サイトでは、同じ商品をたくさんの出品者が扱っていて、それぞれで値段をつけています。

同じ商品なら値段が安いものを仕入れるほど利益が出ると思うかもしれませんが、**安すぎる値段設定をしている業者は要注意。**なぜかというと、同じ商品画像でも、価格があまりにも安いものは、生地を安物に変えて作ったり、デザインの一部が勝手に変更されていたり、画像とはまったく違う粗悪なものに変更されている可能性があるからです。

サイトに表示されている**写真が同じだからといって、必ずしも商品のクオリティが同じだとは限りません。**失敗を防ぐには、とにもかくにも経験を積んで、「あ、ここはアタリだな」という良い出品業者のリストを増やすことが、最短で最良の方法です。

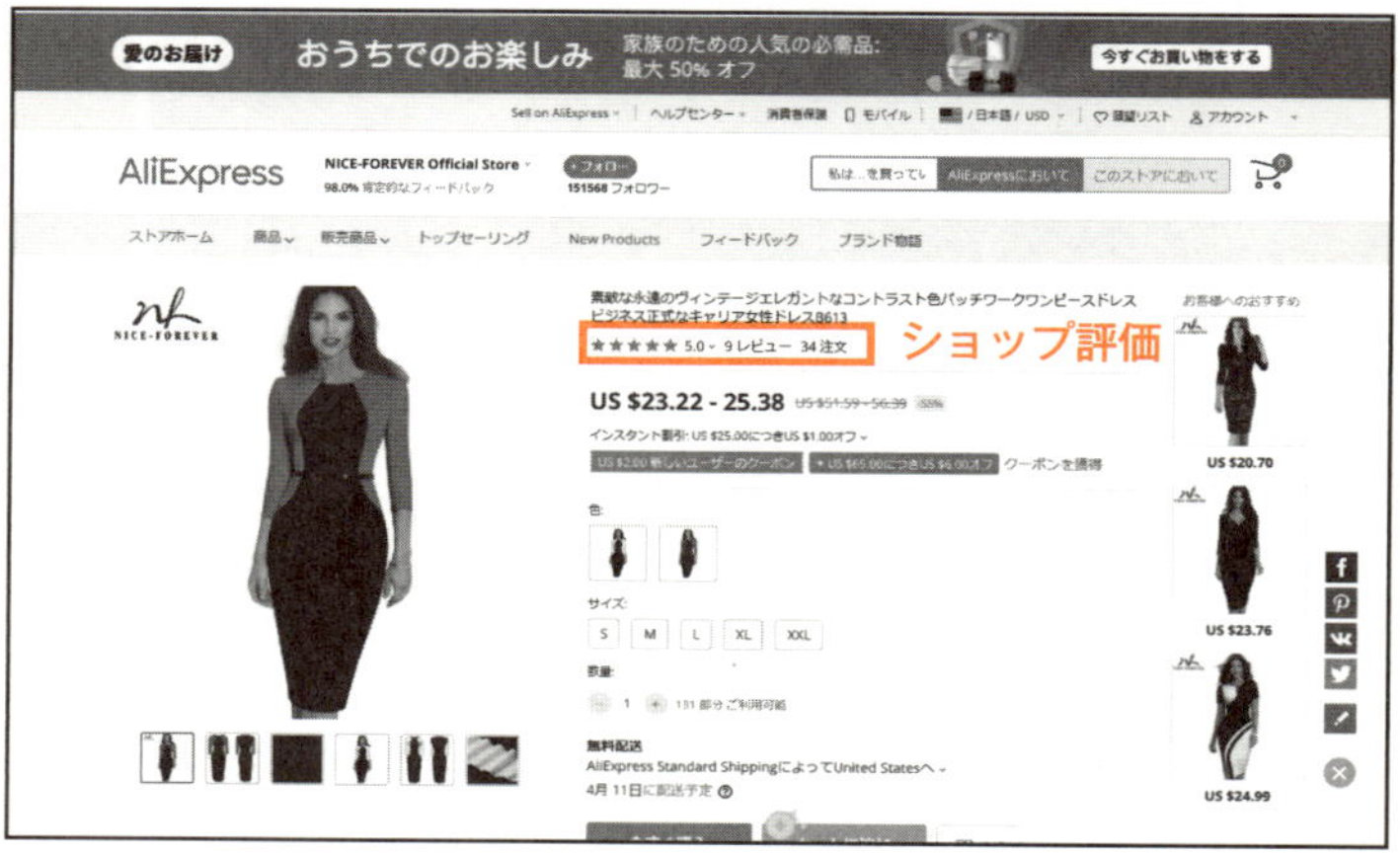

「アリエクスプレス」は「ストア詳細」を確認しよう

アリエクスプレスでも、優良出品業者を見分けるポイントがあります。

商品名の下に星印、レビュー、注文数といった「ショップ評価」があります。**星印がたくさんあり、注文数も多ければ多くの人に支持されている**ということ。レビューは、翻訳なので正確ではありませんが、どんな内容かはおおよそわかりますよね。

商品ページの上、AliExpressロゴの右横にショップ名が出ています。ショップ名にカーソルを合わせると、ストア詳細が出ます。どこの国の出品者か、いつからオープンしているかが登録されています。**数年の出品歴がある、古い業者ほど良**

いといえます。これも絶対条件ではないので、あくまでも目安としてください。

また、ショップの下に「肯定的なフィードバック」として○%という数字が出ています。これは良い評価がどのくらいあるかの割合です。90%以上、できれば95%以上が理想です。

このように、良い出品業者を見極めるには「売れる商品をたくさん扱っているか」「品質が良いか」「評価が高いか」「出品歴が長いか」など、いろいろとチェックポイントがあります。

ただし、サイト上の評価を頼るだけでなく、あなた自身のたくさんの経験と検証も必要です。出品業者の良し悪しがだんだんとわかってくれば、商品選びにも自信がついて、どんどん楽しくなっていきますよ。

決めた、コレでいこう！出品する商品を絞り込む

最後の決め手は「商品画像」

いろいろな商品検索を試してみると、あなたのネットショップで実際に出品したい商品がずいぶん絞られてくると思います。さらに、**絞り込みの最終チェックとなる大事なポイントが「商品画像」です**。

無在庫物販の場合、商品はあなたの手元を経由しないため、出品用の写真を撮影することができません。商品画像は中国の出品業者が撮影したものを流用することになります。

そのため、どんなにデザインが素敵だなと思っても、「良い画像」がなければ、残念ですが出品はあきらめましょう。

では良い画像とはどういうものをいうのでしょうか。

世界観の統一ができる画像が用意できるか？

第3章で、ショップデザインの重要なポイントは「世界観の統一」とお話ししましたね。それはネットショップの運営がスタートしても同じです。あなたのネットショップに掲載する商品画像は、「世界観の統一」に影響する大きな要素なのです。

中国の出品業者が掲載している商品画像は、1商品につき十数枚とたくさん掲載しているものもあります。

写真が多ければより詳しく商品を伝えられると思えるかもしれませんが、多ければいいというわけではありません。まず、**商品の印象を決めるのは全体がわかる正面からのカット。その他、後ろ側や特徴のある部分のアップなど商品をアピールできる「良い写真が5枚」あれば十分です。**

もちろん、運営に慣れてきたらより多くの画像を生かすことにチャレンジしてほしいのですが、最初はスピード重視です。運営初心者さんは良い画像を選んだり、画像のサイズを揃えたりといったことにものすごく時間がかかるはずです。1商品に何枚も画像をつけようとすると、その作業だけで嫌になってしまうと思います。まずは

5枚をできるだけ短時間で揃えて、1商品でも多く出品することを目指しましょう。
では次に、画像を選ぶポイントをお教えしましょう。

ポイント1　中国語が入っている画像は避ける

商品画像の右上や左下などに中国語の文字が入っていることがありますが、これは採用してはいけません。一発で中国テイストに見えてしまい、せっかく構築しようとしているあなたのネットショップの世界観が台無しになってしまいます。

文字の部分にモザイクをかけて消す方法もありますが、かえってお客さまからは「見られたくないものがあるのかな」と思われてしまいます。画像加工は、洗練さとはほど遠い、素人っぽいネットショップとなってしまうのでやめましょう。

ポイント2　モデルの「顔」は避ける

商品を身につけて画像に写っているプロのモデルさんには「肖像権」があります。
肖像権とは、モデルさん本人が持つ、無断で画像利用されない権利のことです。
中国業者はそもそも、商品を仕入れてくれたお客さんがその商品を販売する際に、物販サイト上の画像を利用することはアタリマエととらえるフシがあります（自分の商品を売ってくれるため）。

ただ、モデルの「肖像権」に関しては厳密になる傾向があるため、**顔が写っている画像は選ばないようにしましょう**。どうしても商品が良いもので、モデルさんの顔全部が写っている写真を使いたい場合は、画像編集ソフトを使って画像の不要な部分を切り取るトリミング加工をする方法があります。

大手の無在庫ショップや楽天、Ａｍａｚｏｎ（アマゾン）で中国輸入をしている会社の中には、モデル写真の顔をトリミングせずにそのまま使用しているところもありますが、おうちネットショップを運営する皆さんは、念のために顔が出ないようにトリミングしましょう。

画像が西洋人モデルや、芸能人らしき人物のスクリーンショットになっているものも注意が必要です。

ポイント３　「見え方」が似ている画像でまとめる

あなたのネットショップでは数多くの商品が同一画面に並びます。実店舗で棚にシャツが平積みされていたり、ラックにジャケットやコートがたくさん吊られていたりするのと同じイメージです。品揃えが少ないショップは魅力的ではありませんから、出品数はぜひ増やしていきたいものです。

でも、そのときに気をつけたいのが「お店が乱雑に見えない工夫」です。実店舗に入ったとき「なんかゴチャゴチャしたお店だな」と感じたことはありませんか？ 商品が乱雑に置かれているような、統一感がない感じ……。

ネットショップも同じです。**画面全体として統一感を感じられることが重要です**。もちろん、その統一感は、あなたのネットショップが目指す世界観ともマッチしていなくてはなりません。

世界観を統一させるために、商品画像で一番気をつけなくてはいけないのは、「背景」です。第3章でもお伝えしましたよね。こっちは森で撮っている、こっちは家、こっちは街中など、いろいろな背景が混在した商品画像を載せていると、統一感のない、ごちゃごちゃして見にくい、おしゃれではないお店だと思われてしまいます。

また、**世界観を統一させるためには、モデルさんの印象も大切です**。年齢や国籍、ポーズなどをできるだけ揃えることを念頭に、画像を採用していきましょう。たとえ顔全体が写っていなくても、お客さまは敏感に違和感を察知します。

知らないうちに犯罪者？ 取り扱い厳禁の商品アレコレ

絶対に守っていただきたい大事なことがあります。中国物販サイトは玉石混交、種類もジャンルも価格も品質も、いろいろな商品が出品されています。取り扱い厳禁の商品をお知らせします。

①ブランド品

中国物販サイトの中にはグッチやシャネルなど、ハイブランドの商品が出品されていることがあります。でも、価格を見ると一目瞭然、安すぎます。これらは**ほぼ偽物、コピー商品**です。わかっていて故意に販売するのはもちろん違法です。少しでも怪しいと感じたら販売をやめるか、輸入代行業者を通じてタオバオの出品業者に詳細を尋ねるという手もあります。偽ブランド品は絶対に取り扱わないように注意してください。

商品だけでなく、ブランドが商標を取っている柄や形状もアウトです。たとえば、ルイ・ヴィトンの有名な「モノグラム」。このマークも商標登録されていますから、ルイ・ヴィトン以外の会社がこのマークを配したオリジナル商品を作って販売するのは違法です（実際に訴訟が起こされています）。

また、商品の背景にハイブランド品のロゴを映り込ませている写真、それによって高級感を演出しようとしているのだと思いますが、これも使わないでください。商品をハイブランド品のハンガーにかけて撮影した写真も時々見かけますが、これもNGです。

商品リサーチをしていると、聞いたことがないブランド名だけれど、画像にロゴが入っているという写真もよく見かけると思います。「ハイブランド品かノーブランド品かわからない……」と迷ったら、ブランド名をグーグル検索したり、商品画像をグーグル画像検索したりしてみてください。ブランドの公式サイトがヒットした、海外のハイブランド品だと判明した、なんていうことがあるかもしれません。

大手のハイブランドメーカーは、常に目を光らせてすべてのサイトに違法商品がないかパトロールをしています。あなたが知らずに出品するうちに、ある日警告が届くかもしれません。**偽ブランド品は絶対に取り扱わないでください。**

②キャラクター商品

キャラクター商品もブランド品と同様に、取り扱いは厳禁です。ディズニー、サンリオ、アニメのキャラクターなど著作権や商標権があるものは、法律に触れます。**キャラクターがプリントされた洋服、雑貨などは中国物販サイトの中でもよく見られる商品ですが、絶対に取り扱わないでください。**

③「BASE」では登録できない商品

BASEには、ショップ運営に関するガイドラインとして、**登録禁止商品が定められています。**現金、銀行口座、商品券、宝くじ、仮想通貨などのお金関連、生き物（販売上の適法にのっとった魚類、昆虫以外）、医薬品や違法薬物、偽ブランド品や模造品・海賊版、盗品、スタンガンや法令により携行を禁止されている刃物、盗聴器など、30種類以上あります。

こういった取り扱い商品に関する注意事項は、BASEのサイトの「ショップ向けヘルプ」から、「商品登録について」をクリックして、「販売不可・登録禁止の商品」というページで見られます。

中国との仲介役「輸入代行業者」ってどんなところ？

検品から直接配送まで、日本人の求めるレベルで対応してくれる

それでは、先ほどタオバオの解説のところで触れた「輸入代行業者」とはどんなところなのか、説明していきましょう。

まず「輸入」と聞くと、言語やお国柄の違いでトラブルになるリスクが高そうだなと心配になりますよね。商品へのクレームに対処してもらえない、約束通りに発送してもらえないなど、もしそんなトラブルが起きたら自分だけで対処できるか不安です。

輸入代行業者は、**取引がスムーズに進むように、またトラブルを防止するために、中国サイドと日本のショップの仲介をしてくれる会社です**。２０２０年時点で、中国企業、日系企業で50社以上、個人まで含めると１００近くあるといわれています。日

本語が堪能なスタッフ、または日本人スタッフがいる場合もあるので心配なし。チャットサービスのある輸入代行業者もあり、困ったことが起きたらすぐに解決できるのでストレス知らずです。

輸入代行業者はあなたに代わって、商品の検品をしてくれます。 先ほども触れましたが、無在庫物販において、検品はとても重要です。日本に到着してから不良品だと判明しても、返品から取り替えまでの対応は時間もかかるうえ、手続きも大変です。ときには返品してもらえないこともあるので、**日本に発送される前の検品は念入りに行う必要があります**。

とくにアパレルの検品には縫製やボタン・ファスナーつけ、裾の処理といったさまざまなチェックポイントがあり、手間がかかります。そのため、信頼できる輸入代行業者にお願いしなければいけません。

多くの輸入代行業者は日本人が求めるクオリティについて熟知しています。**包装の汚れや破れなども入念にチェック**、問題がある場合はきれいな袋に取り替えてくれます（無料、有料あり）。

購入者への直接配送も輸入代行業者が請け負うので、配送手続きの手間はゼロ。

このとき、中国からの仕入れとわからないように送り状を日本語に指定することもできます。複数購入の場合は同梱も可能、と至れり尽くせり。日本の利用者が何を求めているかをよくわかっているので安心です。

おすすめの輸入代行業者は「ラクマート」

利用する輸入代行業者の国際送料を事前に確認しておきましょう。目安はアパレルの国際送料は1着70元（約1200円）前後。販売価格を決める際はこの金額を基準に、簡単なシミュレーションをします（試算方法は178頁で解説します）。

また、場合によっては、中国国内送料（タオバオ業者→輸入代行業者まで）がかかる場合があります（無料の場合も多い）。かかったとしてもとても安価なので、さほど気にする必要はありません。

輸入代行業者との取引では、正式発注の前に必ず「見積もり」が送付されます。中国国内送料の他、自分が気がつかなかった料金が加算されていないかなどをチェックし、不明な点は問い合わせましょう。

数ある輸入代行業者の中からどこを選んだらいいのか迷うところですが、おすすめをご紹介します。

経験豊富な最大手なので信頼性はトップクラス！

ラクマート

https://www.rakumart.com

ラクマート無在庫専用サイト

https://www.rakumart-2c.com

開業は2019年とまだ新しい会社ですが、「ライトダンス」「ライブトレーディング」という歴史の古い、実績ある輸入代行業者2社が立ち上げています。日本との取引数も多く経験値が豊富、検品や顧客対応のレベルも高いので安心して代行業務をお任せできます。

社内に無在庫通販に特化した専門チームがあって、その他の業務（有在庫通販やOEMなど）からは完全に独立しているので、納期スピードや対応品質が安定しています。無在庫での取引の連絡はチャット対応のみとなっていて、返信も早いので使いやすさはナンバー1。また、発注システムの開発研究にも注力しており、今後システムの自動化により作業時間の短縮も期待されます。

会費は無料、国際送料も他と比べて安い傾向です。タオバオからの仕入れは、中国国内送料無料対応（一部必要店舗は実費請求【送料有料は全体の1割程度】）なのも嬉しいところ。専属のITエンジニアを雇用しており、大口のオーダーには個別でシステム対応が可能です。

月額会費：無料

代行手数料：1商品につき、一律15元（詳細検品込・OPP袋無料交換・発送手数料込）

国際送料（航空便）：50元／～0・5kg

63元／～1kg

89元／～2kg

167元／～5kg（詳しくはHPにて）

商品販売価格を出す前にかかる経費を総ざらい

販売価格を決める5つの要素

出品したい商品が絞れてきたところで、次は出品にかかる経費をすべてリストアップしてみましょう。ここから、あなたが希望する利益が出るように「商品販売価格」を決めていきます。

商品販売価格は商品代金（商品の仕入れ値）と、その他の必要経費と、利益の合計から算出されます（下表）。実際には人件費やパソコンの光熱費なども発生しますが、ここではまずはそれらは入れずに、販売価格を構成する5つの要素についい

【商品販売価格を構成する要素】

1 商品代金

2 BASEへの諸経費

3 輸入代行業者を利用した場合の諸経費

4 国際送料などの送料

5 利益

て見ていきましょう。

要素1　商品代金

中国物販サイトで仕入れる際の商品のみの代金のことです。サイトでの表示は「人民元」になっていますから、必ず円に換算して金額を算出してください。

要素2　BASEへの諸経費

これは、BASEに支払う費用で、商品が売れた際に初めて発生します。

「BASEって利用は無料じゃないの？」と思った方がいるかもしれません

【BASEに関する諸経費の内訳】

- **かんたん決済手数料（1件の注文につき）**
  商品販売価格（送料含む）の3.6%＋40円
- **サービス利用料（1件の注文につき）**
  商品販売価格（送料含む）の3%
- **（売上金を引き出すときのみ）振込手数料**
  一律250円
- **（売上金を引き出すときのみ）事務手数料**
  振込申請額が2万円未満は500円、
  2万円以上は0円

ね。ＢＡＳＥは、**登録料、月額・年会費は無料**ですが、売れたときに決済手数料などが発生します。

また、売上金はいったんＢＡＳＥに預かってもらうことになるので、**引き出すときには振込手数料や事務手数料がかかります。**

まずＢＡＳＥを利用して商品が売れたら、必ず支払うことになる「かんたん決済手数料」と、「サービス利用料」がどのくらいの金額になるのか、あなたのネットショップで３０００円（送料サービス）のワンピースが売れた場合を想定して試算してましょう（下表）。３０００円で商品が売れた場合、ＢＡＳＥへは２３８円を支払うことになります。

商品ごとにその都度計算するのはちょっとめんどうですから、**商品販売価格が3000～5000円の範囲の場合、ＢＡＳＥへのかんたん決済手数料＋サービ**

【3000 円の商品が売れた場合の BASE に支払う費用】

・**かんたん決済手数料：**
3000 円× 0.036+40 円 ＝**148 円**

・**サービス利用料：**
3000 円× 0.03＝**90 円**

合計 238 円

ス利用料は300円前後になると頭に入れておくといいでしょう。

さらに、あなたが売上金を引き出したいときは、ＢＡＳＥがあなたの口座に振込む際の手数料250円が請求されます。

そしてＢＡＳＥに依頼する振込金額が2万円未満の場合は、事務手数料として500円を請求されます（2万円以上なら0円）。

ただ、売上金を頻繁に引き出すようなことがなければ、1商品あたりの手数料は数円以下になるでしょう。したがって、売上金を引き出す際の経費は、ほとんど考えなくてもいいと思います。

無視できない「輸入代行業者料」「国際送料」

次に、中国物販サイトの商品を仕入れる際に発生する経費を見ていきましょう。

要素3　輸入代行業者を利用した場合の諸経費

タオバオを利用した場合、輸入代行業者が間に入って仕入れや発

送を行うことになります。そのため、輸入代行業者への月額会費や代行手数料の支払いが発生します。業者によって包装の取り替えなどに無料、有料があり、あなたがどの業者を選ぶかで経費の総額は変わってきます。

要素４　国際送料などの送料

中国から日本へ、商品をお客さまに直送する際の国際送料です。

輸入代行業者を利用すると、重量によるランクがあり業者それぞれで異なります。

また「アリエクスプレス」を利用する場合は、国際送料が無料のものから商品の個数や発送方法によって値段が変わるものまでいろいろ。商品が安かったのに、送料が思いがけず高くなってしまったなんてことが起こらないよう、よく調べることが大切です。

要素５　利益

あなたが商品を出品するときにつけた価格から、「商品代金」「B

ＡＳＥへの諸経費」「輸入代行業者を利用した場合の諸経費」「送料」を差し引いた、最終的な「儲け」のことです。ここをきちんと積み重ねていくことが、ネットショップ運営の成功といえます。

次の項では、利益の考え方、利益の出る販売価格の計算方法をお教えしましょう。

目指す利益率から商品販売価格を計算してみよう

商品販売価格は原価＋目指す利益率から考える

「おうちネットショップ」で成功するには、もちろん利益をあげることが一番です。
それでは利益とはなんでしょう？
前項で触れた「商品販売価格」についておさらいします。

商品販売価格を構成する要素

1 商品代金
2 BASEへの諸経費
3 輸入代行業者を利用した場合の諸経費
4 国際送料などの送料
5 利益

1～4のことを「原価」といいます。

原価にはこれ以外に、あなたが働いた分の人件費や、前項で触れたBASEから売上金を引き出す際の手数料なども入ってきますが、商品販売価格の算出に慣れるまではとりあえず含めなくていいでしょう。

商品販売価格に対する利益の割合を「利益率」といいます。

利益率は本音をいえば多ければ多いほどいいですが、ここをのせすぎると商品販売価格がとんでもなく高くなってしまい、売れない商品になってしまいます。ここは欲張らないようにして、**利益は妥当なラインに留め、購入してもらいやすい価格**に設定しましょう。

【おうちネットショップ目標利益率】
・商品販売価格の30～50％
・商品が1つ売れたら1000円以上、できれば1500円が利益

まずはこのラインを目指しましょう。

希望する利益率から商品販売価格を割り出す

それでは、タオバオで800円の値段がつけられた商品を、利益率30％（商品販売価格に対する利益の割合が30％）で販売したいとき、あなたのネットショップではどのくらいの値段をつけたらいいのか、商品販売価格を割り出してみましょう。

利益率30％とは、商品販売価格を10としたとき、利益が3（利益率0・3）を占めるということです。つまり、原価が商品販売価格の残り7（原価率0・7）となります。

計算式は左頁上の表をご覧ください。

たとえば、タオバオで800円の商品を選んだとして、販売価格を割り出してみましょう。A社という輸入代行業者を通した場合、国際送料が1000円、輸入代行業者A社に支払う諸経費が200円かかるとすると、原価は合計2000円です。

【販売価格を割り出すための計算式】

原価÷（1－利益率）
＝販売価格

【原価 2000 円の商品の販売価格シミュレーション】

① **2000円の原価で 30%の利益を出す場合**

● 原価÷（１－利益率）＝販売価格
２０００円÷（１－０．３）＝**２８５７**円

② **2000円の原価で 40%の利益を出す場合**

● 原価÷（１－利益率）＝販売価格
２０００円÷（１－０．４）＝**３３３３**円

③ **2000円の原価で 50%の利益を出す場合**

● 原価÷（１－利益率）＝販売価格
２０００円÷（１－０．５）＝**４０００**円

このように、利益率を何％にするかで販売価格は２０００円台から４０００円まで、やや幅広く出ました。

ただし、この販売価格の計算では、まだＢＡＳＥの経費は含まれていません。かんたん決済手数料は商品販売価格の３・６％＋40円、サービス利用料も商品販売価格の３％、つまり合計６・６％に40円をプラスして計算しなければいけません。

1000円以上の利益が出ないとダメ。検証してみよう！

前述したように、おうちネットショップでは**1商品売れるごとに1000円以上の利益を確保したいと考えています**。これだけの手間ヒマをかけてせっかく売れても数百円レベルの儲けでは、最初は良くても、だんだん運営するモチベーションが失われてしまいます。

それでは、１０００円以上の利益を出すために商品販売価格をどのように決めたらいいのか、**タオバオで50元で売っているワンピース**を出品する場合を例に考えてみましょう。

１元を17円の計算で日本円に換算すると、**仕入れ値は850円**になります。

輸入代行業者を利用すると、**代行手数料と国際送料で一般的に約1200円程度**かかります。つまり**仕入れ値850円＋代行手数料と国際送料1200円＝2050円が、必ず発生する原価です**。

たとえば、**1500円の利益を出したいとすると、原価2050円＋利益1500円＝3550円の販売価格**となりますね。

さらに、**ここにBASEの経費分も追加しないといけません**。少し高めの3980円という値段を仮につけてみましょう。

3980円に対して、**BASEかんたん決済手数料（3.6％＋40円）は183円、サービス利用料（3％）は119円、合計302円がBASEに支払う手数料**となります。

さあ、これですべての原価が出ました。3980円という仮の値段から差し引いてみましょう。

3980円－850円－1200円－302円＝1628円

50元のワンピースを出品するとき、3980円の商品販売価格をつけると、1628円の利益が出ましたね。この値段設定なら、1000円以上の利益という目標がクリアできました。

商品販売価格を設定するときの考え方としては、最初に希望する利益を決め、仮の販売価格を出したら、予想できる原価を差し引いて、最終的にすり合わせをしていけばいいのです。

【商品販売価格の試算式】

STEP1 出品商品の日本円での仕入れ値を出す＝A

▼

STEP2 輸入代行業者への手数料・国際送料を出す（仮に1200円に設定すると計算しやすい）＝B

▼

STEP3 AにBを足して、さらに希望する利益額を加えて、少し高めで区切りのいい金額にする（仮の販売価格＝C）

▼

STEP4　Cを基にBASEの経費を出す＝D

STEP5　C－A－B－Dが希望する利益額を超えているかチェック
超えていない場合……STEP3（C）を調整して試算を再トライ

利益計算はなかなか複雑で、初心者の方は慣れるまでは電卓と格闘しなければならないかもしれません。

ですが、出品数が増えてくるにつれ、「この原価なら販売価格を〇〇円にすれば1000円以上の利益が出る」という感覚がわかってきます。**まずは出品の経験を積むこと、これにまさるものはありません。**

商品販売価格の総仕上げは、お友達チェック＆リサーチ

商品販売価格は、お友達や知り合いがどう思うかを参考にしよう

前項の利益計算によって販売価格の目安が出ましたね。さあ、最後の仕上げです。**商品がその値段に見合っているのか、高すぎないか、安すぎないか、他の似たような商品がいくらぐらいで販売されているかをリサーチすることが大切です。**

ネットのショッピングモールなどをチェックしたり、実店舗を見てみたり。その他、あなたの家族や同世代のお友達、似たような趣味の知り合いなどに、「この服どう思う？」「いくらぐらいなら買いたいと思う？」と聞いてみましょう。ターゲットのお客さまと近い人のリアルな答えは、参考になることも多いはずです。

気楽なおしゃべりの延長で、**ファッションリサーチができるお友達や知り合いが2〜3人いるといい**ですね。こうしたお友達はとても貴重です。運営が始まったら

「どっちがほしい?」「どの色が好き?」など、商品リサーチの際にも大いに協力をあおぎたいものです。何冊もファッション雑誌を見たり、インターネットで調べたり、頭の中だけで想像したりするよりも、よほどたくさんの発見があると思います。

割安感を出す販売価格にするかは客層しだい

ここまで終えたら、いよいよ最終的な調整をしましょう。

あなたは買い物に行ったとき、500円や1000円というキリのいい値段よりも、480円とか980円といったお得感のある値つけに、つい購買意欲をそそられませんか? **商品販売価格の決定には、こうした数字のマジックを利用**する手もあります。

ただ、これはアパレルすべての商品に通用するわけではありません。

割安感を出すほうが効果的かどうかは、あなたが扱う商品のメインとなる客層によるでしょう。お買い得な商品がいいか、高級感のあるものなら多少は高価でもいいか、**お客さまの気持ちになって考えてみることも大事です**。

おうちネットショップ
成功オーナーさん
interview 3

好きな仕事で、困っている人にも手を差し伸べられる喜び

data
名前
ゆかさん（37歳）
岡山県在住
家族構成
夫
スタート時期
2020年5月（販売は10月から）
月間利益
200万円

ファッションのプロたちとの交流がいい刺激に

もともとファッションに興味があったので、自分にしかできないことはないか、何かファッション系で熱中できるものがないかと、ずっと探していました。よしきさんの「おうちネットショップ」を知って飛びつき、「個性派カジュアル」のショップを2020年10月にオープンしました。「ひと癖あるファッション」が好きな25歳〜45歳ぐらいの女性を対象にしています。

じつは、私は大手企業に勤めるかたわら「副業」として「おうちネットショップ」を始めました。ふだんフルタイムで働いているので、ショップ運営にかけられる時間は限られています。オープンと同時にいきなり売れてしまったのは良かったのですが、一人

ではとても手が回らなくなって、急遽スタッフさんを募集しました。現在は9名のチームで、それぞれに分担してもらいながら仕事を回しています。

運営に関わる一連の作業の中で、リーダーとしての私が絶対やらなければいけないことは、「商品リサーチ」と宣伝活動です。商品リサーチはネットや雑誌を参考にしない「感性実地型」（笑）。あらゆるジャンルのアパレルの実店舗に入って商品をチェックします。もともとファッションが大好きだったので、こうしたリサーチはむしろ楽しみの1つ。そのときのイメージをベースに、あとは感性のままに出品商品を決めます。また、ネイリストの姉がいるので、私のショップの商品を着てもらって「お客さんからなんて言われた？」とか、反応を聞いて参考にすることもありますね。

私自身、個性的なファッションが大好きで、これまで友達と買い物に行ってもぜんぜん趣味が合わない人生でした。自分がいいなと思っても「えー！　派手すぎるよー」と言われたりして。でも今、私のショップのＩｎｓｔａｇｒａｍ（インスタグラム）フォロワーさんが2万人もいてくれるんですよ！　私の好きな世界を支持してくれる人がこんなにいるんだと思うと嬉しいです。芸能人のインスタに私のショップがタグづけされたこともあります。思いがけずフォロワーさんへの宣伝にもつながって、本当に嬉しかった。

あるファッションビルからは出店のオファーを受けたこともあります。「こんなプロのファッション業界みたいなことが自分に起こるなんて?!」と驚きました。

お客さまの中には美容師さんもいて、ヘアモデルの撮影用に私のショップの服を使ってくれているようです。ファッションのプロの方たちと交流できるのは、私にとってものすごく刺激的な体験です。本業だけでは味わえない別世界を知ることができて、毎日がとても充実しています。

人生を劇的に変えた「副業」を本業にすると決意

私がおうちネットショップで起業しようと思ったのには、もう1つ理由があります。友人に障がいのあるシングルマザーがいて、在宅での仕事を探していました。彼女に仕事をお願いできるようになれたらと思っていたのですが、今は希望が叶って、アクセサリーを販売したとき、梱包や発送をお願いしています。さらに、コロナ禍の影響で仕事が減ってしまった彼女のお友達にも、お手伝いをしてもらうようになりました。困っている人にショップの仕事をお願いすることで、少しでも役に立てていることが嬉しいです。

じつは、主人もただいま失業中で仕事を探しているところです。おうちネットショップのおかげで収入があるので、焦ることないよと言って、じっくり探してもらえる環境を作ってあげられているのも嬉しいです。

さらにですが！　私も本業の仕事を辞めておうちネットショップ一本でやっていくことにしました。収益も安定してきて「これなら大丈夫」と自信が持てたので、思い切ってこちらを本業にする決心がつきました。

おうちネットショップを始めて、「自分がどう生きたいか」と、じっくり考えるようになりました。会社にしばられている時間をもっと有意義にしたいと考えたとき、「おうちネットショップ」しかないと思えたんです。自分の環境をこんなに劇的に変えられたのは、この半年間の経験によるものが大きいですね。

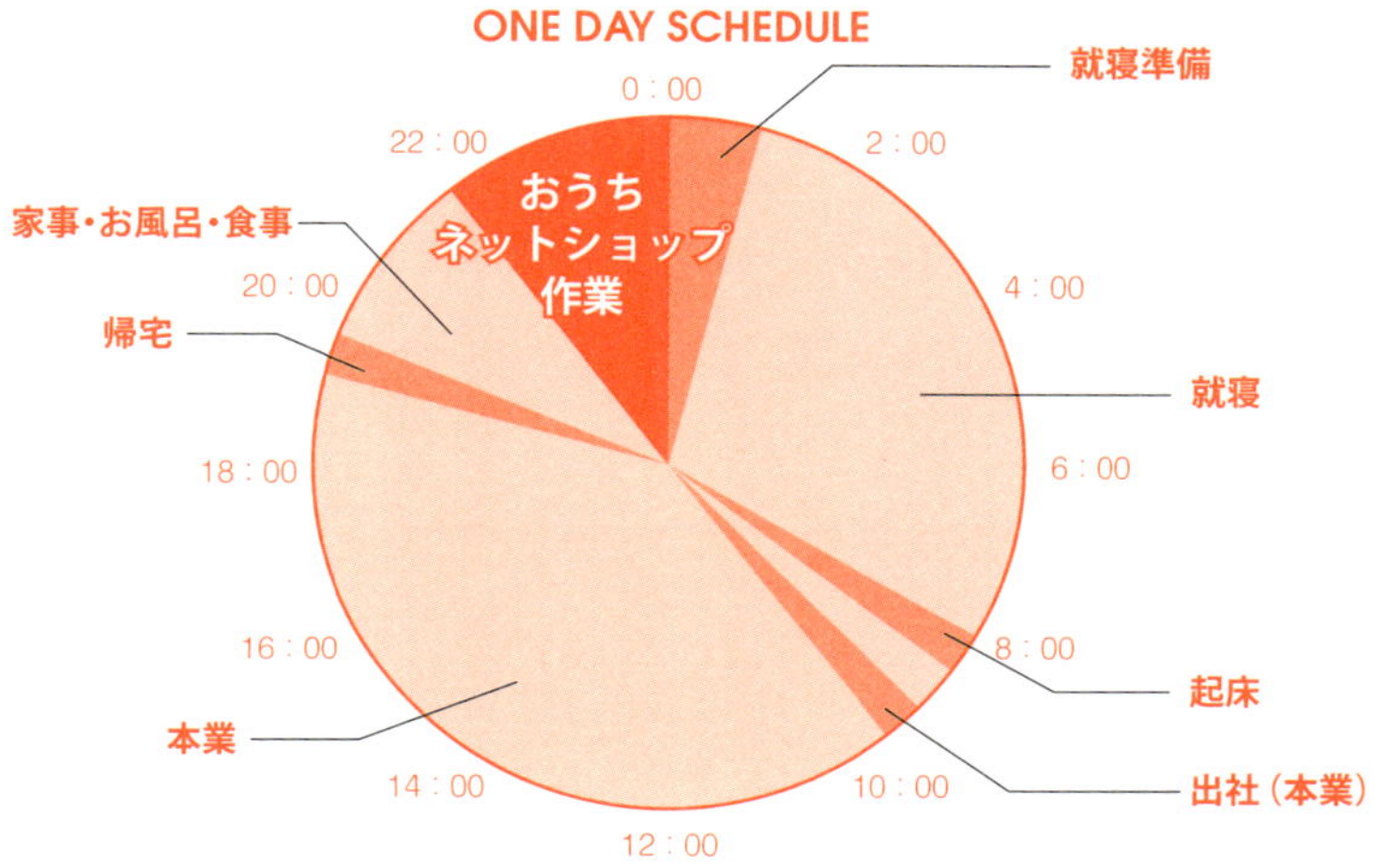

第5章

おうち ネットショップを 運営する（商品出品&発注編）

～このポイントだけ押さえれば初心者でも心配ナシ

ここからは実店舗でいうところの「商品を店内に並べる」「販売する」にあたる部分、**あなたのネットショップに「商品を登録する」作業に入ります。**さらにその先に「商品を仕入れる」「お客さまへ届ける」にあたる部分、**中国物販サイトへ商品を発注して、配送を手配します。**「難しそう……」と思われるかもしれませんが大丈夫。流れさえ慣れれば作業自体は決して難しくはありません。順を追ってわかりやすく解説していきます。

売れるかな？ わくわくドキドキ、商品の登録

売れる「商品名」の作り方

商品の出品に関してはＢＡＳＥの管理画面の「商品管理」をクリック、「商品を登録する」から登録します。

ＢＡＳＥは本当に簡単に出品登録ができる仕組みが整っていますから、「ヤフオクとかメルカリすらやったことない」というＩＴ初心者さん、物販未経験者さんでも大丈夫です。

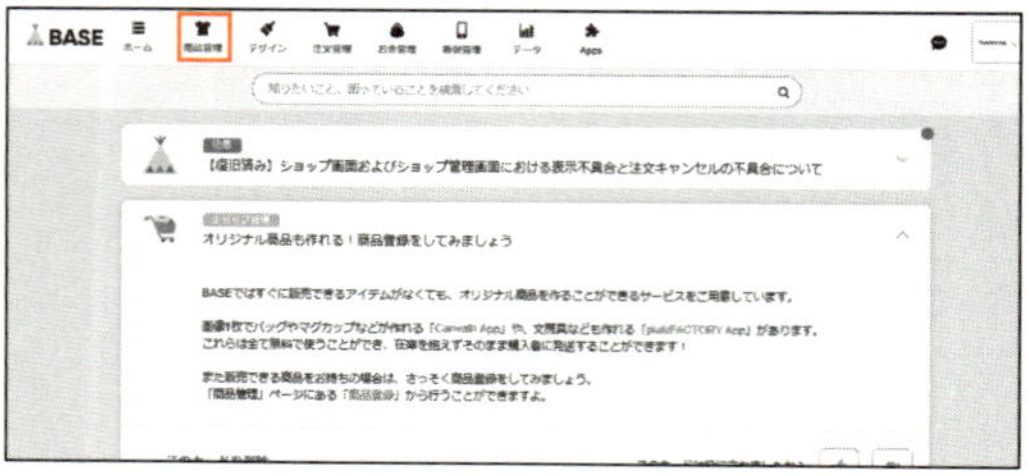

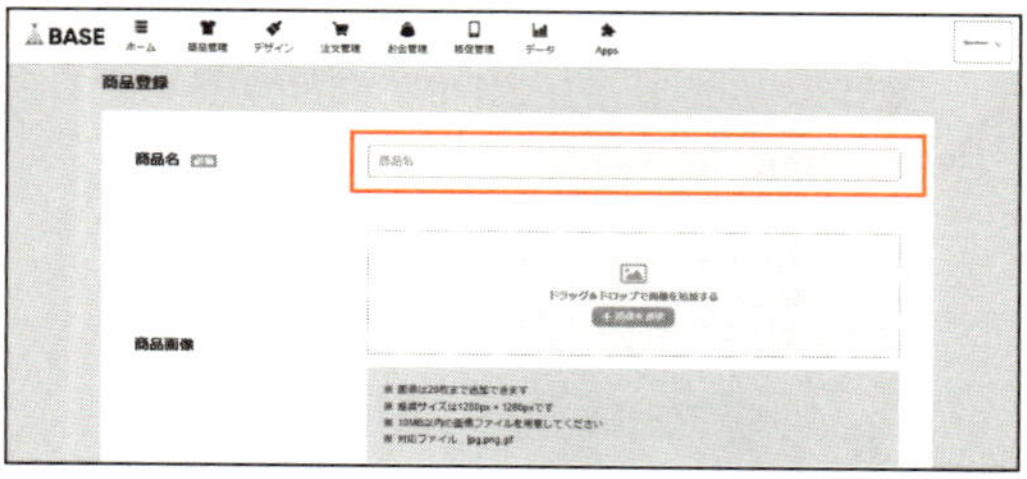

1　商品名

出品登録は、まず商品名から入れていきます。

商品名と聞くと「Tシャツとかワンピースとか、アイテム名を入れるだけじゃいけないの？」と思った方もいるかもしれません。逆に今まで物販などの経験がある方だと「SEO対策でキーワードをたくさん入れなきゃいけないんじゃないの？」と思うかも。戦略的につけた商品名からは、どんなメリットが得られるのでしょう？

①SEO対策

SEOとは「Search Engine Optimization」の略で、Google（グーグル）やYahoo！（ヤフー！）といった検索サイトでキーワード検索をしたときに上位に表示されるようにするための戦略を「SEO対策」といいます。検索した人は上位から見ていくことが多いので、あなたのネットショップが上位に表示されると、訪れてくれる可能性がグッと高まります。

SEO対策はAIとのイタチごっこで、さまざまなテクニックが誕生していますが、商品名のつけ方次第で、SEO対策に効果が出ることもあるとされています。

とはいえ、ネットショップ初心者さんがＳＥＯ対策を意識した商品名をつけるのはなかなか難しいもの。まずは次の②と③を意識してつけていくほうがやりやすく、効果的かと思います。

②クリック対策

ネットショップのトップページまで来てくれたのに商品ページまで移動してくれなかったということは、商品写真か商品名（もしくはどちらにも）に、クリックしてもらえるだけの魅力がなかったということになります。写真はもちろん大切ですが、商品名でもお客さまの興味を惹きたいですよね。

③ブランディング

商品名自体がショップページのブランディング（世界観）につながります。

たとえば、大人らしいシックな雰囲気のアパレルネットショップで、ブラウン系のワンピースを出品するとしましょう。

商品名Ａ　ブラウンシルクワンピース

商品名B　絹長袖ブラウン茶色ゆったりさらさらきれい目ワンピース激安今だけ超人気トレンド急上昇

あなただったらどちらを買いたくなりますか？

商品名BはＳＥＯ対策を意識して、ＡＩにできるだけヒットするように、キーワードをなるべく多く並べた商品名です。でも、どうですか？　あなたの目から見てもごちゃごちゃしていませんか？　なんだかクリックする気も失せませんか？

それでは、効果的なタイトルのつけ方をご紹介しましょう。

多くを語らない、シンプルな商品名を

おすすめは、「商品の特徴を3〜4単語ほどで表現する」方法です。短すぎず長すぎず、商品の特徴をシンプルに。たとえば

モノトーン迷彩柄パンツ
シンプルショートトップス
ハイウエストバックボタンデニム

とてもシンプルで見やすいですよね。文字が多いな、ごちゃごちゃしているなといった印象はありませんよね。

このように、**商品の特徴や商品カテゴリー、商品ジャンルなどを3〜4単語ほどで表現すると、シンプルでわかりやすい、でも世界観のある商品名が自然にできます。**

有名アパレルブランドのネットショップを参考までに見てみてください。30単語もある商品名は見たことないと思いませんか？「知ってほしい」「SEO対策」と考えてMAXの単語を入れたくなる気持ちもわかるのですが、お客さまからはごちゃごちゃして見えてしまいます。

それよりも、多くを語らないシンプルな表現をすることで、高級感、ブランド感を演出できます。

さらに、英字表記にすると高級ブランド感が増すケースがあります。たとえばレディースアパレルのセレブ系や大人女子系、きれい目カジュアルやシックな品揃えのネットショップならば、サイトが映え、世界観が強化されることがあります。

tops

silk pants

short cardigan

パッと見た瞬間の明快さはないものの、大人らしい、おしゃれな雰囲気は伝わってきますよね。

自分のネットショップの世界観を意識しながら、ぜひ、シンプルで短い商品名をつけてください。

商品画像は1枚目にこだわる！

2 商品画像

次に、商品の写真を登録します。

第4章で中国物販サイトから商品を絞り込む作業をした際、使える（質の高い）画像がある商品を優先的に残したかと思います。

いよいよこの段階で、その商品の「採用」画像をあなたのネットショップに登録していきます。

採用画像はそれほど多くなくていいです。第4章

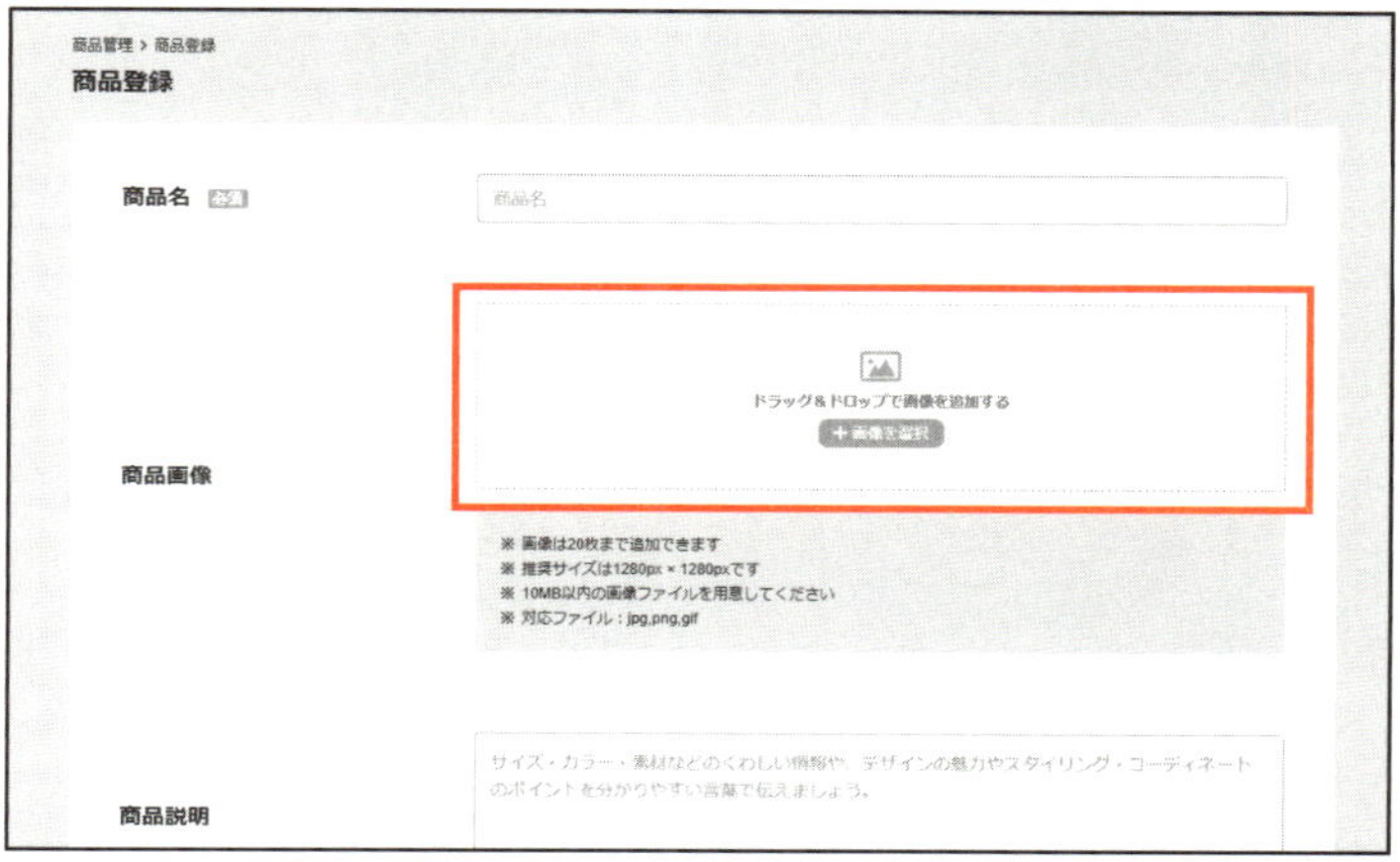

でお伝えしたように、ネットショップの運営初心者さんの段階は、作業のスピード重視です。中国物販サイトの販売業者の商品ページには画像が20枚あったとしても、その中から**選りすぐりの5枚程度におさめましょう。**

とくにこだわるべき画像は「1枚目」です。なぜなら、世界観に関わるから。とても重要な画像なので、気合を入れた1枚を登録してください。繰り返しますが、「中国語の文字が入っている画像」「ブランド名が入っている画像」「モデルさんの顔が入っている画像」は1枚目でも2枚目以降でも使用NGです。

3 商品説明

次は、商品の説明文を入れていきます。

雑誌などの商品ページに載っているような「商品のPR文」を書かなくてはとプレッシャーを感じた方、大丈夫です。ここはごく簡単に、商品の「色展開」「サイズ展開」を明記するのみでかまいません。

ここに書くべき大切なことは**「お届けについて」と「注意事項」**です。

第4章でお伝えしたように、中国物販サイトを利用した無在庫物販は、その仕組み上、お客さまへのお届けまでに期間がかかります。また、高いクオリティの衣類に慣れている日本人の目から見ると、縫製やボタンづけなどの甘さが目につく可能性があることは否めません。

そのため、お届け時期や縫製などについての注意事項をここで明記しておかないと、購入後に「配達が遅い」「製品の質が予想していたものと違う」といったクレームにつながりかねません。

どのように記載したら良いかの参考例と、商品画像の加工方法などについては、プレゼント講座でお知らせします。262頁をご覧ください。

価格、税率、在庫数を入れたら登録完了！

4 価格

商品の価格を半角数字で記入します。価格は第4章の計算式（178頁）をもとに、利益が出て、しかも妥当性のある金額を記入しましょう。

5 税率

商品にかかる税率＝消費税10％を記入します。

6　在庫と種類

在庫数を入れます。おうちネットショップは無在庫物販ですので「在庫数っていくつにするの?」と疑問に思う方も多いでしょう。中国物販サイトの販売業者には在庫があるのに、あなたのおうちネットショップでは在庫切れとなってしまうのを避けるため、ここでは「100個」と記入すると良いでしょう。

7　表示と公開

この商品の表示場所（一番上に表示するか）、すぐに商品を公開するかを選択します。まだ修正する項目があるうちは「非公開」にしておきます。

この後、「登録する」をクリックしたら、登録完了です。

さあ、これであなたのお店に商品が並びました。この工程を繰り返すことで、あなたのお店の品揃えは充実していきます。「大量行動」は成功への近道。なるべく毎日、何かしら商品を登録していきましょう。

アカウント登録を仕上げる！「ショップAbout」の作り方

ＢＡＳＥへアカウント登録をする際、完了させることを優先させて、仮で記入していた項目もあったと思います。でも、この段階までできたら更新できることも多いはず。できる限りバージョンアップさせてから、商品の公開をスタートさせたいものです。

とくに、「ショップＡｂｏｕｔ」の部分が完成できていない方は、ぜひフィニッシュさせてください。

① ショップコンセプト

第2章で言語化した「どんなショップか」「誰を対象にしているショップか」を最初に載せます。可能であれば、印象的なキャッチコピーも1行加えると、あなたのブランド「らしさ」、世界観が効果的に伝えられます。

たとえば、世界的に有名なアパレルブランド「バナナ・リパブリック」のブランドインフォメーションはこちら。誰に向けた、どんなお店（ブランド）かが明確に伝わってきます。

> カルフォルニアならではのパイオニア精神を持った、クリエイティブな分野で活躍していた2人が創業したバナナ・リパブリック。
> 何事にも興味を持って取り組み、アクティブに人生を楽しむ人々に向けて、そのライフスタイルを支えるワードローブを提案し続けています。（後略）

② 配送についてのご案内や注意事項などの特記事項

「購入後、商品のお届け日数」「キャンセル・返品について」はお客さまにとってたいへん気になる事柄です。とくに、無在庫ネットショップの場合はその仕組み上、お届けまでに日数がかかるので、トラブル防止のためにも必ず明記しましょう。

ショップAboutに入れるといい項目をまとめたテンプレートはプレゼント講義にて配布いたしますので、262頁をご覧ください。

やった、売れた！商品が購入されたあとの流れ

メールと画面で注文をチェック

商品登録を済ませて公開が完了したら、わくわくドキドキ、「注文が入るかな」……期待が膨らみますよね。

いよいよ注文が入ったらどうしたらいいのでしょう。お客さまにはできる限り早く、商品をお届けしたいですよね。

注文に備えて、入れておいたほうがいいアプリを紹介します。

BASE Creator（ベイスクリエイター）

これはスマートフォン用のアプリで、インストールしておくと注文が入った時点で画面にポップアップが表示されます。

パソコンが手元になくても、すぐにスマホで注文に対応できて便利ですよ。

それでは、注文が発生したあとの流れを順を追って解説します。

1　商品購入のメールが届く

BASEに登録したメールアドレスへ、商品購入を知らせるメールが届きます。

あなたに届いたメールと同時に、お客さまにも「購入内容（商品名、個数、支払方法など）」が記載されたメールが送られています。

2　開設したショップの「注文管理」を確認する

ここでは「注文の詳細」や「ステータス（取引状態）」などが確認できます。

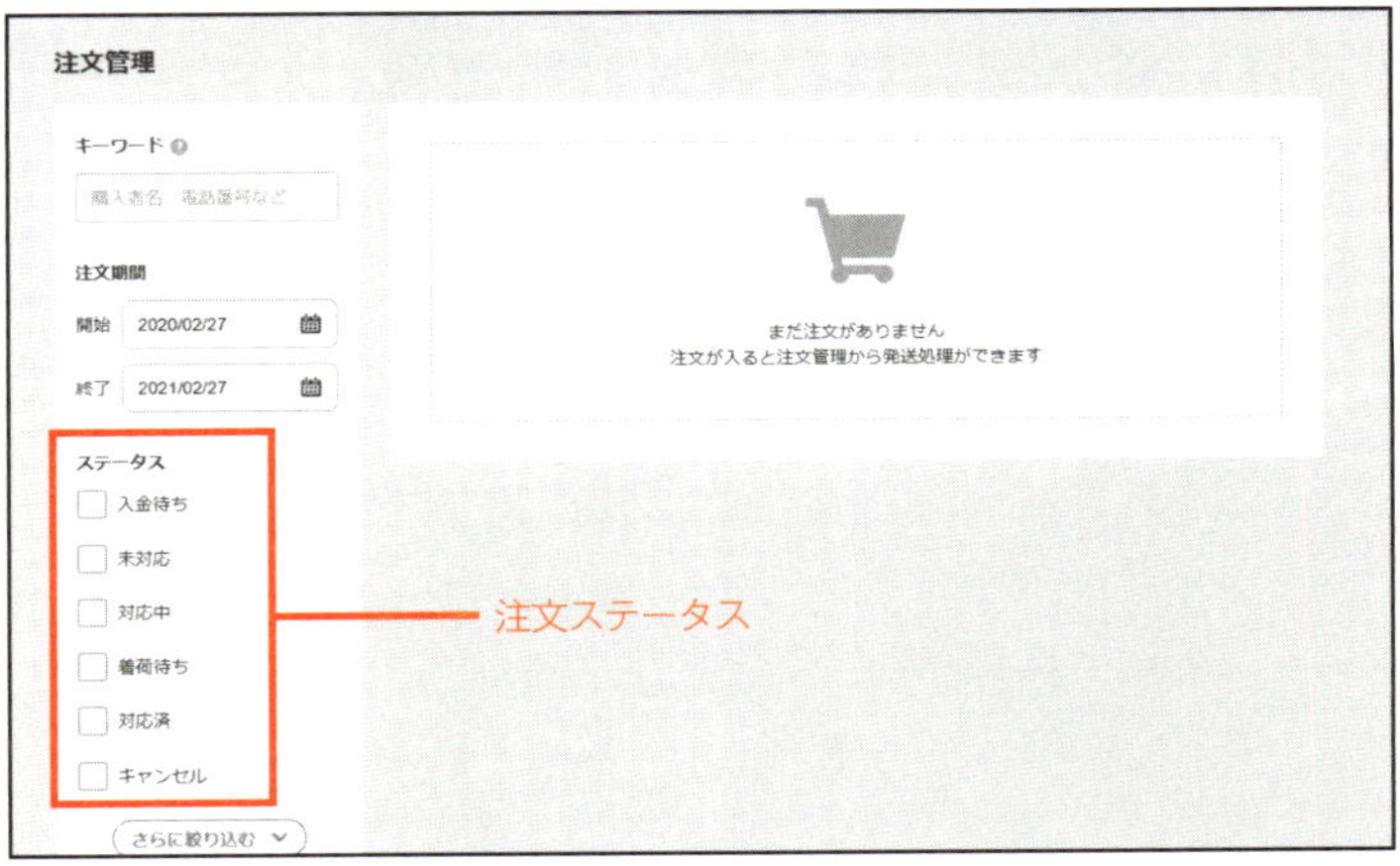

【注文ステータスの見方】

□ **入金待ち**……お客さまの決済方法が銀行振込決済・コンビニ決済でまだ入金されていない場合はここにチェックが入ります。

↓

お客さまの入金通知が届くまでは、中国物販サイトへの発注は保留（入金されないことがあるため）。入金通知が届き次第、発注します

□ **未対応**……銀行振込・コンビニ決済で入金済み、クレジットカード決済・キャリア決済・ＡｍａｚｏｎＰａｙ・ＰａｙＰａｌ決済で注文済み、後払い決済で注文済みの状態です。未対応とは「発送可能な段階だが、まだ発送していない」という意味合いです。

↓

中国物販サイトへ発注ＯＫ

□ **対応中**……複数の商品の注文があり、一部が発送済みになった状態です。

□ **着荷待ち**……お客さまが後払い決済を選択、商品は発送済み（着荷確認待ち）です。

□ **対応済**……商品は発送済みか、後払い決済で着荷済みの状態です。

3　お客さまへショップからの「購入通知メール」を送る

すでにお客さまへはＢＡＳＥから購入通知メールが届いていますが、さらに、ショップからもお礼を兼ねた購入通知メールを送りましょう。お店の印象がアップします。

【ショップからの購入通知メールの内容例】

・購入のお礼
・商品名／個数／金額
・支払い方法

4　中国物販サイトへ発注する

いよいよ、注文が入った商品を中国物販サイトへ発注します。実際には、第４章で解説したように、「輸入代行業者」とのやりとりがここから発生します。次項で詳しく解説します。

売れた商品を輸入代行業者に発注、お届けへ！

意外に簡単、日本語が通じるから心配ナシ

お客さまからの代金入金の確認ができたら、いよいよ輸入代行業者へ商品を発注します。輸入代行業者によって発注手順、代金の支払いのタイミングなどが異なるので、取引する輸入代行業者のマニュアルに従って進めてください。

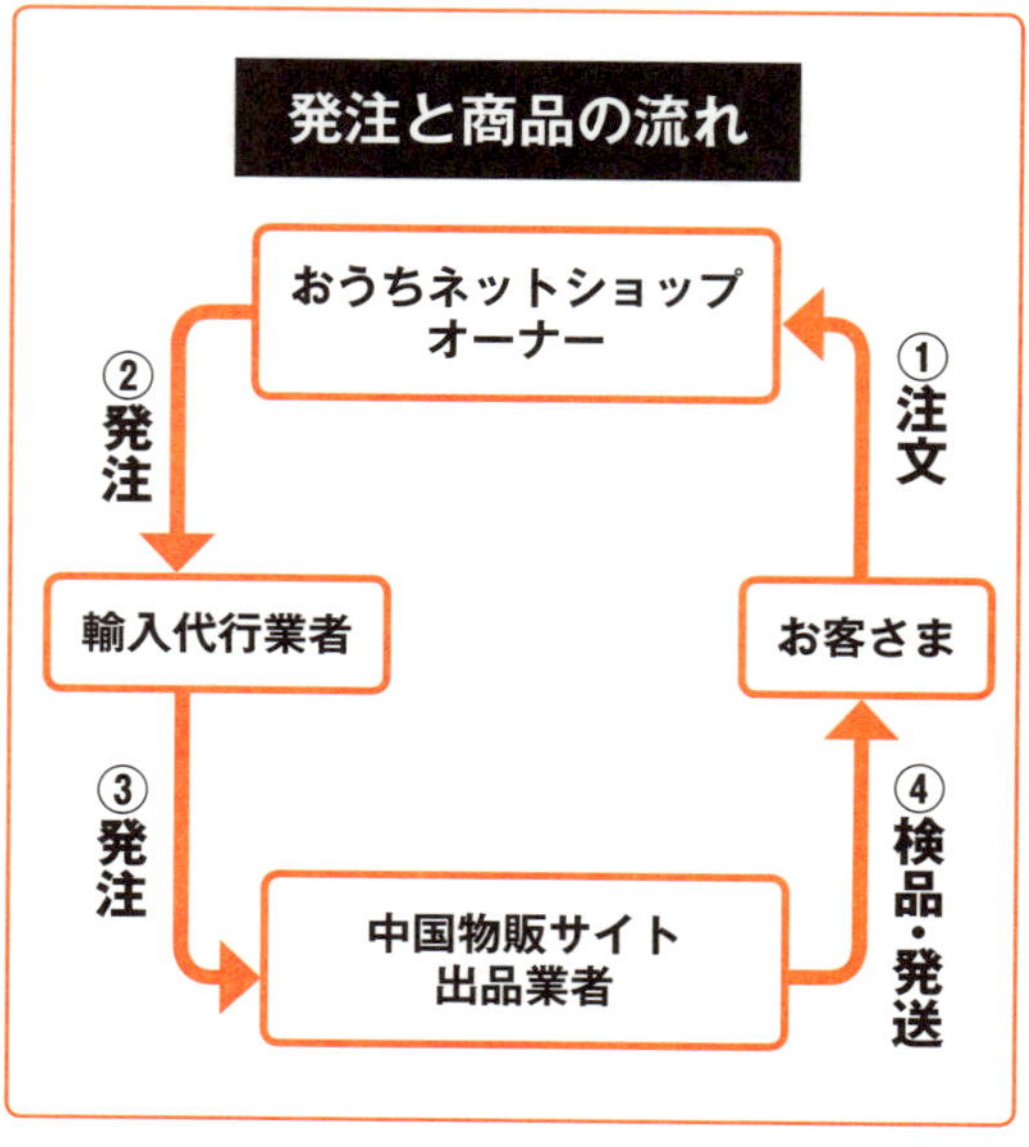

ここでは、発注とお届けの一般的な流れを解説します。なお、輸入代行業者と取引するためには、事前に会員登録が必要です。

STEP1　輸入代行業者に発注する

購入情報をもとに、商品を輸入代行業者に発注します。輸入代行業者によっては、用意された発注システムを通して、自分で行うケースもあります。

STEP2　「見積書」の確認

輸入代行業者から「見積書」を取り寄せます。見積書には「商品代」の他に「代行手数料」などが項目立てされ、それぞれの金額が記入されています。妥当な金額か、不明な項目がないか確認しましょう。不明点があった場合はすぐに問い合わせます。

STEP3 「見積書」の金額の支払い

見積書に問題がない場合は輸入代行業者の支払い方法に従って支払いをします。

STEP4 中国物販サイトの出品業者へ発注

あなたから輸入代行業者への支払いが完了した時点で、輸入代行業者が中国物販サイトの出品業者へ発注をかけます。

STEP5 出品業者→輸入代行業者（中国事務所）へ発送

中国物販サイトの出品業者が、商品を輸入代行業者の中国国内の事務所へ発送します。

STEP6　商品検品

入荷した商品を輸入代行業者が検品します。

不良品があった場合……あなたの元へ連絡が入ります。問題ない範囲か、それとも、商品出品業者へ返品して再発送してもらう必要があるかを判断します。この商品出品業者では良い商品の入手が不可能といった場合は、出品業者を変更して同じ商品を発注することもあります。

STEP7　「国際送料」の見積書を確認・支払い

検品の結果、問題がない場合はお客さまへの発送に入ります。お届け先（お客さまのご住所）を指定して、輸入代行業者から「国際送料」の見積書を取り寄せます。見積書に問題がない場合は、国際送料を支払います（輸入代行業者によっては見積書が発行されないケースもあります）。

STEP8　伝票番号の発行

あなたから輸入代行業者への支払いが完了した時点で、輸入代行業者がお客さまへの商品発送に入ります。

発送作業が完了すると、荷物の「伝票番号（追跡番号）」が発行され、あなたへ通知されます（輸入代行業者によっては、伝票番号が発行されないケースもあります）。

伝票番号とは……商品の配送状況を管理する番号。万が一、荷物が届かないなどのトラブルが発生した場合、この番号がわからないと荷物が追えず苦労するため、発行された場合はお客さまへ番号をお知らせしておくと無難です。

STEP9　伝票番号の連絡

「伝票番号」が発行された場合は、BASEの「注文管理画面」から、この「伝票番号」を記入して、お客さまへ「発送しましたメール」を送ります。

発送しましたメール……お礼、発送状況のお知らせ、伝票番号を記載します。この作業が完了すると、BASEの「注文ステータス」（202頁）は「対応済」に変わります（後払い決済の場合は「着荷待ち」）。

お客さまへ商品到着

お客さまのもとへ商品が到着したら、ミッションコンプリートです。お疲れさまでした。

この時点でできるだけ、お客さまへサンキューレター（購入のお礼メール）を出しましょう。「丁寧なお店だな」と、評価がアップして、また訪れてくれるかもしれません。ショッピングのラストは、次のショッピングの始まりのチャンスなのです。

おうちネットショップ
成功オーナーさん
interview 4

ママの成功でパパと娘もイイ感じ！ 家族の幸せを実感中

data
名前
ちえさん（41歳）
愛知県在住
家族構成
夫、長女（4歳）
スタート時期
2020年5月
月間利益
150万円

ママになっても好きな服を着たいという思いに正直に

かわいい洋服やキラキラしたものが好きで、ふだんからよくネットショップで買い物をしていました。自分が好きなものだけでお店ができたらいいな、いつかそんなファッション専門のネットショップを自分で持てたらいいなという夢を密かに温めてはいたのですが、そんなチャンスなんてないだろうと半分諦めていました。

長女が幼稚園に行くようになって少し手が離れたので、そろそろパートに出ようかなと思って少し探してみたのですが、時間に制約があってなかなか思うような職が見つからなくて。育児や家事との両立ができなくなる仕事はイヤだなと、ちょっとためらっていたんです。そのとき「そうだ！ 今こそネットショップにチャレンジしてみよう」と思い立って、思い切ってよしきさんの指導を受けました。

2020年5月からショップをオープンさせましたが、最初はいろいろと商品を詰め込みすぎて、いったいなんのショップなのかわからなくなってしまいました。「憧れのショップ経営なんだから、楽しくなることをしたい！」と、もともとの夢を大切にすることに立ち返って、もう一度〝世界観の統一〟を見直して、作り直したのが今のショップです。エレガントな中にもキラッと個性が光るようなテイストを大事にしていて、お客さまは35歳から60代のマダム層が多いです。年齢関係なくおしゃれに敏感な方にファンになっていただいています。

「おうちネットショップはパソコン1台あればできる」とよしきさんも言っていたので「簡単にできるんだ」と思っていたのですが、私にはけっこうハードルが高かった！もともとITが得意ではなくてビジネス経験もないので、おそらく皆さんより1つのことに時間がかかっていると思います。楽しいことなので苦になりませんが、つい夜遅くまで作業してしまうことも続いたりして、最初のうちは毎日の時間のバランスの取り方に苦労しました。今は6人のスタッフさんとチームで仕事をしているので、ようやくペースがつかめてきたように思います。

品揃えは、今の流行が何かよりも「ママになっても好きなものを着たい」という私自身の気持ちを大事にして、私の目線で「かわいい！　着てみたい」と思える服を選んでいます。ショップを始めて気づいたのが、何歳になっても「これを着たい」という強い気持ちを持っている方、ファッションへの意識が高い方がたくさんいること。ファンがいるというのがすごく嬉しくて、自分の感性を信じてどんどん出品しています。

心がけているのは品揃えです。ショッピングを楽しんでいただくためには、商品数がたくさん見られるに越したことはないですから。あと、中国物販サイトからはお届けに時間がかかるので、お客さまがジャストシーズンで着られるように、シーズンをかなり先取りして商品を出品するようにしています。

がんばっている私の姿から、家族の関係にもいい変化が!?

「おうちネットショップ」によって、収入が二本柱になったので家計的にすごく安心感が生まれました。しかも、主人が家事に積極的になったのが大変化でした。それまでは、率先してというほどではなかったので、今は私もがんばっているのを認めてもらえているように思えます。幼稚園へのお迎えにもよく行ってくれるようになって、それまでは長女もママにべったりだったのに、パパと遊んだり、二人でお出かけするようになりました。これは予想していなかった嬉しい効果ですね。

ネットショップ・ビジネスでお財布に余裕が出たら、親孝行もしたいと思っていました。家電製品をプレゼントしたらとても喜んでもらえて、自分で得たお金で、こんなに若いうちから親孝行ができるのが本当に嬉しいです。いつかコロナが落ち着いたら、旅行にも連れて行ってあげたいと思ってます。

おうちネットショップにチャレンジして、温めていた夢が少しずつ叶えられていると実感できると、もっとがんばろうという気持ちになります。

ONE DAY SCHEDULE

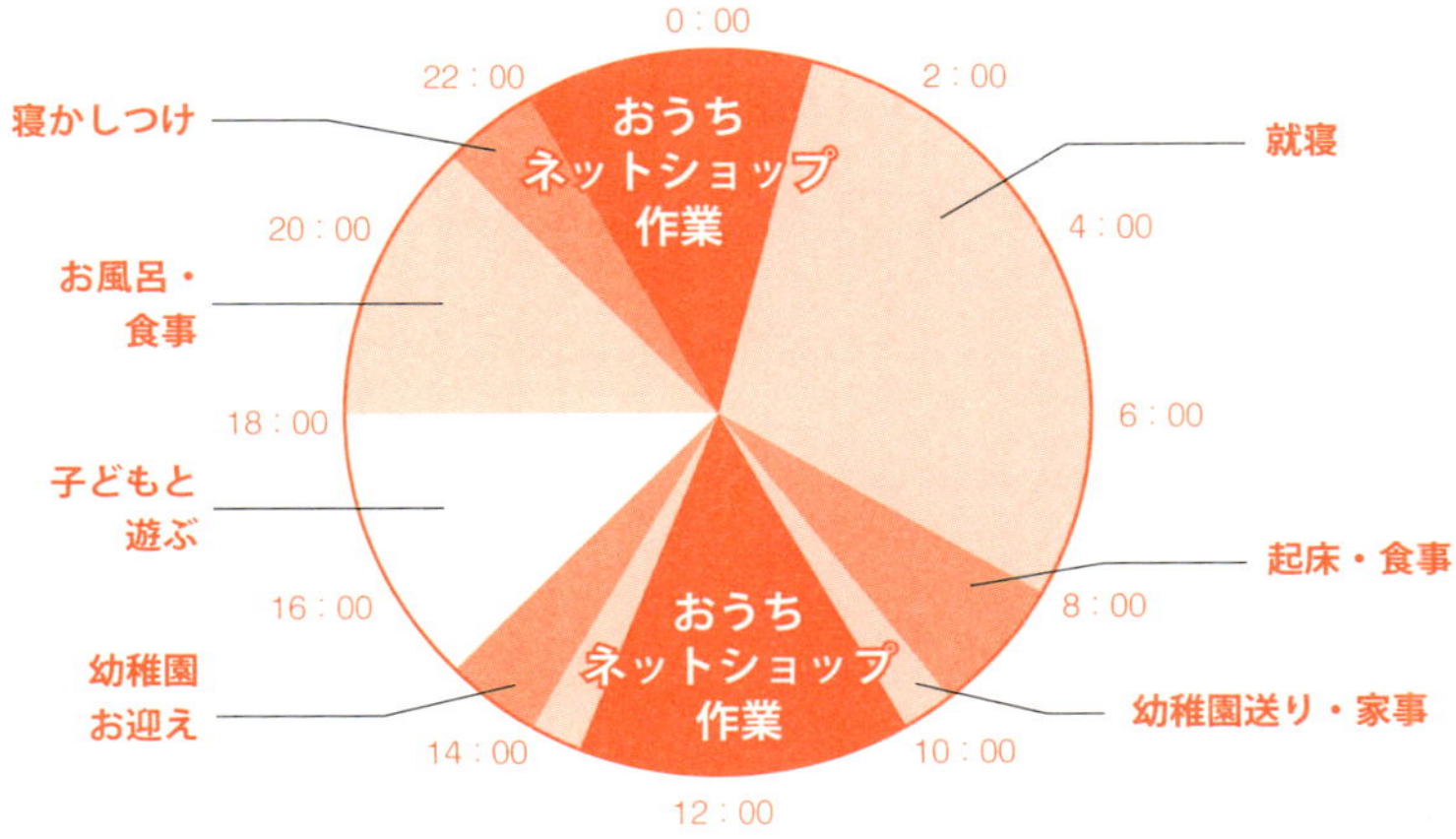

第6章

おうち ネットショップ インスタ集客術

～日々のInstagram投稿でショップを成功に導こう

BASEでショップを無事オープンしたら、これから日々の運営が始まります。**おうちネットショップの収益アップに欠かせないもの――それがInstagram（インスタグラム）集客**です。インスタはあなたのネットショップの魅力を伝え、ファンを増やすために大切なツールです。さらに、**インスタへ戦略的にひと手間を加えていくことで、ネットショップへの誘導ができ、購入へとつながっていきます。**ここではアカウント登録からフォロワーの増やし方、あなたのネットショップへの誘導までをわかりやすくレクチャーします。

ショップインスタを集客につなげるための「アカウント設定」

世界観がないショップインスタはまるで〝フリマ〟

おうちネットショップをオープンさせたら、まず取り組んでほしいのが、ショップのインスタグラムの構築です。毎日売れ続けるショップに成長させたいのなら、インスタグラムを使って集客することが必要不可欠です。**「フォロワー1万人」を1つの目標にしましょう**。

すでに持っている自分のインスタアカウントをそのまま使うのではなく、必ずお店用のアカウントを新しく登録してください。

あなたの今までのフォロワーと、これからお店についてくれるフォロワーでは属性がまったく違います。フォロワーを増やしたいからとアカウントを使い回してしまうと、投稿とフォロワーがマッチしないことからインスタＡＩ（人工知能）に評価を下げられてしまうので、おすすめしません。

私はよくいろいろなアカウントを研究のためのぞきますが、集客を狙っているであろう物販系インスタの中でも、世界観ができているものは本当に少ないですね。**世界観がないショップインスタは、フリーマーケットでものを売っているようなもの、**地べたにマットを敷いて商品を並べて売っているレベルだと思ってください。

対して、世界観のあるインスタを構築して、上手に運用できているショップは、ブランド品が多く並んでいる高級な百貨店でものを売っているイメージ。フリーマーケットと百貨店では、たとえ同じような商品を売っていたとしても、買ってくれる値段が変わってきます。フリマなら「高い！」とスルーされる商品が、百貨店だったら「妥当な値段だな」とカゴに入れてもらえるわけです。

フォロワーを獲得するための「アカウント設定」

それではまず、ショップインスタのアカウントを登録しましょう。

「ユーザーネーム」はログインＩＤも兼ねます。唯一無二で他の人とかぶることはあり得ません。ここには基本的にあなたのショップ名を入れてください。もし、すでにそのIDが使われていたら、「○○○（ショップ名）―ｏｆｆｉｃｉａｌ」など工夫して、あなたのショップ名がわかるように設定しましょう。

パスワードを決めて、次は「プロフィール写真」を入れます。ここには第3章で制作したBASEのショップロゴをはめ込みましょう。これで登録は完了です。

次に「プロフィールを編集」からさらに細かく設定します。「名前」の欄はショップ名と、ショップ名が英字表記の場合は読み方をカタカナで入れてもいいですね。「ウェブサイト」には、あなたのネットショップのURLを入れます。

大切なのが「自己紹介」の部分です。訪れてくれた人が一瞬でどんなアカウントであるかわかることが重要です。「誰のための」「なんのお店なのか」――この2つは必ず入れてください。基本的には、第2章で作った「ショップコンセプト」を生かすと良いでしょう。

さらなるポイントは、**「改行を多くする」「長文にしない、なるべく箇条書きに」「ショップカラーによっては絵文字も多用する」**です。この工夫によって、シンプルで見やすい自己紹介文になります。

1つご注意を。ネットショップURLを「自己紹介」の部分に続けて記入すると、リンクが貼れず、タップからの移動ができません。「タップ↓移動」の流れを作るためには、「プロフィールを編集」の「ウェブサイト」に記入する必要があります。左下の画像は「coca」という大人気のアパレルブランドのインスタプロフィールです。「▼公式サイト」の下にURLが載っていますよね。「ウェブサイト」の欄に記入すると、このように画面上は自己紹介文の一番下に表示されます。

自己紹介文を記入するとき、最下行に「――――」など区切りを表現する記号を入れておくと、画面を表示したときにネットショップURLが目立ちます。

インスタを成功に導く絶対条件「世界観を作る」

常に統一感を意識して発信する

世界観のあるショップインスタを構築するために最初にやっていただきたいのが、他のインスタアカウントをリサーチすることです。第2章でも、ネットショップを立ち上げるにあたって他のネットショップをリサーチしましたよね。その作業をインスタグラムでも行いましょう。

ショップインスタだけでなく、個人のインスタも数多く見てください。こういう世界観の表現方法があるんだな、このネットショップの世界観はいいな等々。とくに、あなたが展開しているショップジャンルですでに成功している人（お店）のインスタは意識的にリサーチしましょう。参考になるアイデア、自分が好きな傾向や雰囲気などを頭の中にストックしていってください。

その中には、あなたがお手本にしたくなるような、「これは素敵だな」「プロが作っているると思わせる世界観だな」と感じるものがあるはずです。自分が世界観を感じる、プロのような統一感を感じるという感覚は、**同じようにお客さまも感じてくださることが多いものです**。そうして、自分のショップインスタはどんな世界観にしたらいいのか、**目指すゴールを絞り込んでください**。

世界観って感覚的なものですから「これを満たしていたら世界観ができているということですよ」みたいな基準を説明しづらいのですが、ご自身のフィーリングを大切にしてください。ゴールがなかなか1つに絞り込めないという方も多いと思いますが、ここは**できるだけ明確にイメージすることが大切**です。

自分もやってみたいか、わくわくするか、そのブランドらしさを感じるか、ブランディングができているか――こうした**自分の感覚を信じてください**。感覚って、大事です!

こうして絞られた1つ、ここがいわばあなたのショップインスタが目指すゴールです。ゴールが明確にならないことには、目指す方向がわかりませんからね。

目指せ1万フォロワー投稿写真「3つのルール」

構図を意識すると統一感につながる

自分が作りたい世界観が決まったところで、次は実際に写真投稿をするときに押さえておくべき「世界観を作るための3つのルール」をお伝えします。

ルール1　写真の構図を統一する

構図とは、被写体が写り込む位置やバランスのことをいいます。

たとえば、レディースアパレルのネットショップに出品するワンピースをインスタ投稿するとしましょう。モデルが着用したり、テーブルに置いたり、イスにかけたり。構図は何十パターンも存在します。

初心者がやりがちなのは、いろいろな構図の写真を投稿して、統一感に欠けてしまうというパターン。インスタ上級者の中にはいろいろな構図の写真でも、上手に統一感を出せる方もいますが、初心者は、モデルの着用写真だけ、商品を平らなところに置いた写真だけなど、**構図のパターンを絞るのが統一感を出す近道です。**

もちろん、構図のパターンを絞りたいんだけど、ピッタリな写真が手に入らないといったことも出てくると思います。それでも、**投稿1枚目の写真だけでも似た構図で統一させるといった工夫をすることで、見え方はずいぶん変わってきます。**

写真はすべて1：1の正方形比率で統一して投稿しましょう。

ルール2　写真の色味を統一する

ここでいう「色味」とは、**写真が何色で構成されているのか**を指します。

あなたが街で正面から歩いてくる人を見たときに、最初に目に飛び込んでくるのはなんでしょう。髪型でしょうか？　背の高さ？　男か女か？　それらを飛び越えて最初に目に入ってくるのは「色の印象」ではないですか？　赤い服着てるな、白いコート着てたな、など、顔の造作は忘れても色のイメージは印象に残りませんか？

インスタも同じで、見たときに最初に目に入るのは色味です。たとえば、白系の写真で統一しているアカウントからは、すっきりと清潔な印象を受けますよね。ダーク系の写真で統一しているアカウントからは、クールでスタイリッシュな雰囲気が感じられます。見た人が「このアカウントはどんな世界観か」を判断する上で、「色」は大きな要素になるんですね。

世界観があるなと思うネットショップのアカウントを、ぜひチェックしてみてください。どちらかというと白、どちらかというとパステルカラー、どちらかというとピンクなど、色味を絞って統一していることがわかるでしょう。ショップロゴや商品の背景にも気を配って、同じ色味に統一するようにしていることが多いです。

必ずしも同じ色味に統一させる必要はないのですが、使われている色味の系統が一致していると、初心者でも世界観のあるショップインスタが作りやすいのでおすすめです。絶対にその色味以外のものを投稿してはいけないというわけではないですが、気に留めておくと良いと思います。

色味を統一させるために大切な2つの色

「そんなの難しくてできない」という方、大丈夫です。ある2つの色にフォーカスするとうまくいきます。それは**「商品自体のカラー」と「商品の背景のカラー」**です。この2つを意識して色の統一をしていくと、初心者でも簡単に世界観を出すことができます。

初心者がやってしまいがちなのは、商品の背景にまで意識が向かないことです。せっかく商品のカラーは統一したのに、商品Aは背景が黒、商品Bは背景が海、商品Cは背景が森など、背景の色や柄がバラバラ。商品の世界観と、背景の世界観が一致しないため、違和感のあるインスタになっているということがよくあります。

たくさんの色を使用しないで、シンプルに、**2色もしくは3色までで統一することを目指してください。**

もちろん、「絶対にこの色しか使わない」ということは難しいと思います。でも、完璧は目指さなくていいですけれども、統一させようという努力はしてください。

たとえば、白系で統一させたいなと思ったら、なるべくモデル写真は白い壁の前に立っているものを使うとか、白い紙の上に置いた商品写真を使うとか。

これはちょっと上級テクニックですが、画像加工のアプリを使って、写真を白色のフィルターを使って加工することで、白色系に寄せることもできます。

こうやって、**色味をできるだけ統一させようと心がけるか、かけないかだけで、あなたのインスタの世界観はまるで変わってきます。**

実際のところ、おうちネットショップを運営するオーナーさんの場合は、写真を商品の発注先、タオバオなどで公開されている既存の画像を利用してインスタ投稿することになります。

こういった既存のリソース画像で世界観を作っていくのはなかなか簡単なことではありませんが、これまでにお話ししたルール1と2を意識することで、印象がずいぶん統一されるはずです。

ルール3　写真の印象を統一する

3つ目にお伝えしたいのが、**画像からの印象をなるべく統一させること**です。

「印象」というのは言葉ではなかなか説明が難しい要素です。でも、たとえば何か商品の写真を見たとき、私たちはさまざまな「印象」を受けますね。きれいだな、かわいいな、カッコいいな、シンプル、モノクロ、自然な感じだな等々。私たちは写真を構図だけ、色味だけでなく、写真の要素をトータルで感じて印象を受けているのです。この印象をできる限り統一できるように、投稿写真をコントロールしていく必要があります。

写真の印象を左右する「モデルの雰囲気」

既存の画像を利用するときにまず見てほしいのが、商品を着用しているモデルさんの全体的なスタイルです。身長や体形、手足や首の長さ、肩幅などに注目してください。顔はトリミングしても、こうした全体的なスタイルは写真の印象に大きく関わってきます。スタイルが似通ったモデルさんの写真に統一しましょう。

インスタ投稿につける商品PR文はこう書く！

商品PR文は最初は不要、その時間を投稿に回す！

商品PR文は、写真の下に表示される説明文のことです。「すごく考え抜いた商品PR文をつけなくてはいけないのではないだろうか」と身構えた方もいるのではないでしょうか。

大丈夫です。**商品PR文は、初心者の段階では必要ありません。**商品PR文を書くのってかなりハードルが高いですよね。ところが残念なことに、商品PR文に不慣れな方ががんばって2時間ほど悩みに悩んで1商品の商品PR文を書きあげたとしても、さして売上に貢献はしてくれません。その2時間があるのなら、別のこと——商品リサーチして新しい商品を出品するなどに時間を使ったほうが今の段階では有益です。

もちろん、ショップ運営に慣れて時間に余裕ができてきたら、ぜひ商品PR文の制作にもチャレンジしてみてください。「あの一言をつけたから売れたのかも」という手ごたえもきっと感じられるはずです。

fifth_store .
#バックタイイヴィンテージサテンシアーブラウス
¥4,890+tax!! ①

バックスタイルにあしらわれたタイディテールが目を惹くブラウス♡
上品な透け感のあるヴィンテージサテンが、女性らしい雰囲気を醸し出します◎
合わせるボトムス次第で、カジュアルからきれいめまで幅広いコーディネートに活躍してくれるアイテムです😌 ②

写真をタップして商品ページをCheck✔

その他商品はプロフィールページのURLからご覧ください♡
→@fifth_store ③

では、具体的に見ていきましょう。上の画像は「fifth」という、94万フォロワーもいる大人気アパレルブランドインスタの商品PR文です。

とても良い商品PR文の典型だと思います。ここをサンプルとして、構成を解説します。

①商品名と値段
②商品の特徴
③ウェブサイト（商品購入ページへの誘導）
④@（あなたのインスタID）からショップURLへ 商品番号【××】で検索

①はわかりますね。1行目にはBASEのネットショップで販売されている商品名と値段をそのままコピペして入れてください。

②はいわゆる「商品PR文」の部分、商品のウリを手短にまとめた説明文です。前述したように、ここはインスタ初心者の方は書く必要ありません。

③はとても大事です。インスタから商品販売ページへ移動してもらうために、必ずこの一文を入れてください。「画像をタップ!して商品ページへ」など、文章は適宜変えていただいてかまいません。この機能が生きてくるのは、**事前に拡張機能「インスタグラム販売」をインストール済みで、すでに、BASEとインスタグラムの連携が済んでいることが前提です**。

これは、**インスタの写真をタップした人をネットショップへと直接移動させられる機能**です。スムーズにお客さまをネットショップへ誘導できて、売上が大きく伸びる可能性が高いので、おすすめです。

この拡張機能はショップの公式インスタアカウントを持っている人のみが利用できます。インストールと連携の作業に少々コツがいりますが、ぜひ、ショップオープン後なるべく早い時期にチャレンジしてください。

BASE Apps Instagram販売
https://apps.thebase.in/detail/74

さらに、サンプルの商品PR文には入っていませんが、おうちネットショップインスタにはぜひ入れていただきたい文章が④です。

拡張機能「インスタグラム販売」は、スマートフォンでインスタを見ている人には有効（タップしたらネットショップへ移動する）ですが、**パソコンでインスタを見ている人は写真をタップしてもネットショップへ移動できません（無反応）**。

でも、「@（あなたのインスタID）」をタップすると、あなたのインスタのプロフィールへ移動します。インスタには、あらかじめこういう仕組みができているんですね。プロフィールには、あなたのショップURLが載っていますよね。アカウント登録をするときに、自己紹介文にネットショップURLが表示できる（リンクが貼れる）ように記入したのが、ここで生きてくるのです。

そして、あなたのネットショップを訪ねてくれたあと検索窓に「商品番号【××】」を入れればその商品がヒットするという流れを作ることができます。

人気投稿になるためのハッシュタグリサーチ法

タグの人気投稿をとると売上が伸びる

ここに、ネットショップを始めたばかりでインスタグラム集客にチャレンジしている、AさんとBさんがいるとしましょう。

Aさんは毎日とてもがんばって、スマホと何時間もにらめっこしながら、1日に何投稿もしています。何千人もフォローしているにもかかわらず、自分のショップインスタのフォロワーは100人いかないくらい。ネットショップは月に数品売れたらいいほうで全然結果が出ていません。

一方、Bさんは、1日1投稿しかしていないにもかかわらず、毎日勝手に何十人もフォロワーが増えて、気づいたら短期間で数千人のフォロワーがついている状態。もちろん、毎日売れるネットショップになりました。

あなたはAさんとBさん、どちらになりたいですか？

もちろん、Bさんですね。Bさんは実際に私の生徒がモデルです。人気投稿をとり続けることができたら、どんなことが起きるでしょう。まず、アクセスが止まりません。フォロワーが尋常じゃないほど増え続けます。毎日50フォロワー、100フォロワーと増えていく。実際、私の生徒のCさんは毎月3000フォロワー増え続けています。毎月5000フォロワー増えている生徒さんもいます。

フォロワーが増えると、ネットショップへのアクセスが増え、売上が増えるという幸運のループが続きます。

なぜAさんとBさんはこんなにも差がついてしまったのか。それは「ハッシュタグ」に秘密があります。Aさんは投稿数を増やすのに必死で、その時どきで思いついたハッシュタグを深く考えもせずに写真につけて投稿していました。Bさんはハッシュタグをしっかりリサーチして、戦略を持ってインスタ運営をしていました。

幸運なループを手に入れるためには、タグの人気投稿をとらなくてはなりません。

これからご紹介するインスタのハッシュタグ戦略を実行すると、毎日自然にたくさんの人からフォローされて、毎日売れるネットショップへと成長することができます。

インスタは、タグで検索する文化です。自分が見たいテーマを探すときに「検索窓」に#（ハッシュタグ）＋キーワードを入れて検索します。たとえば、検索窓に「#韓国ファッション」と入れると、「投稿454万件」と出ます。そこをクリックすると、人気投稿の「上位TOP9」が表示されます。画面を下へスクロールするとさらにTOP10以降の投稿が続いていています。

つまり**人気投稿のTOP9に入ると、そのキーワードで検索した人が最初に目にする投稿となるのです**。これを「タグの人気投稿」といいます。

人気投稿以外のアカウントは、ずーっと下にスクロールしないと見られない位置に表示されます。よほど根気のある人が見つけてくれない限り、アクセスしてもらえない。いつまでもフォロワーが増えないといった状況になります。

お客さまの目線でハッシュタグ検索

それでは、人気投稿になりやすいハッシュタグを見つける方法をお伝えしていきます。

STEP1 ハッシュタグを知る

自分のネットショップに関連するハッシュタグにはどんなものがあるのか、まずはリサーチしてみましょう。

方法1 インスタの検索窓でキーワード検索する

インスタの検索窓を使って、タグの候補を探す方法です。

まず、自分のネットショップで商品を購入してくれるお客さまってどんな人かな、そのお客さまはどんなハッシュタグで検索するかなと想像してみてください。

若いママさん向けのアパレルネットショップでしたら、お客さまになってくれる人はママさん、しかもインスタで洋服を探しているママさんと想像できます。

彼女たちはどんなキーワードで検索するでしょう。「ママコーデ」で検索するんじゃないかな、と思いついたとします。検索窓に「ママ」と入れると……予測変換して「ママ」に関連するタグをいろいろ表示してくれます。

こうしたキーワードの派生、予測変換をぜひチェックしてほしいのです。「ママコーデ」で検索しようとした見込み客も、同様にこうした関連タグを見ています。自分では思いつかなかったようなタグを、どんどん発見していってください。

方法2　ハッシュタグ検索の無料アプリを利用する

ネットの無料サイトを利用して、キーワードに関連するおすすめのハッシュタグをリサーチする方法です。おすすめは「ハシュレコ」です。

https://hashreco.ai-sta.com

思いついたキーワードをいろいろ入れてみて、ハッシュタグを発見してください。ヒットしたものも、候補としてストックしてください。

方法3　他の人のインスタ投稿からハッシュタグを探る

ハッシュタグの候補から、さらに候補を広げていく方法です。

方法1と2で出てきた候補を1つずつ、インスタの検索窓で検索してみましょう。それぞれ「人気投稿」と「最新」が表示されるはずです。「最新」に表示された投稿にアクセスして、そのインスタグラマーさんは他にどんなハッシュタグをつけているか見てみましょう。

たとえば、「ママコーデ」と検索して、表示されたAさんの投稿にアクセスすると、「#ママコーデ」の他に、「#大人カジュアル」「#アラフォーコーデ」「#大人コーデ」といったハッシュタグも見られます。このように、検索した先のアカウントが使っているハッシュタグも、ヒントになります。

STEP2 ハッシュタグを集めて記録する

発見したハッシュタグをひとまとめに記録した「ハッシュタグブック」を作ってください。**自分のショップの見込み客を想定しながら集めたタグがたくさん載っている、いわば自分だけのお宝帖**です。このハッシュタグブックが、実際に投稿するときのネタ元になってくれます。

ハッシュタグ戦略のお宝帖「ハッシュタグブック」

ハッシュタグブックの作り方を紹介しましょう。紙のノートを使ってもいいのですが、Ｇｏｏｇｌｅ（グーグル）の無料ツール、「グーグルスプレッドシート」を利用すると便利です。

https://www.google.com/intl/ja_jp/sheets/about/

記入することは、「集めたハッシュタグ名」「それぞれの投稿件数」「備考欄」です。グーグルスプレッドシートを使うと、投稿件数の多い順に並び替えたり、色分けしたり、投稿件数1万件以上を検索したりといった加工が簡単にできて、次のSTEP3の作業をするのに便利です。

STEP3　分析して選ぶ

ここまできたらもうひと息です。

ハッシュタグブックに記入したハッシュタグを**「5000〜1万投稿未満（＝スモール）」「1万〜5万投稿未満（＝ミドル）」「5万投稿以上（＝ビッグ）」にグループ分けしてください。**

「そうか、ここでビッグに入った超人気タグから最終的に選べばいいんだ」と思った方も多いのではないでしょうか。投稿件数の多い人気タグならすでにたくさんの人が集まっているはず、そのタグを自分の投稿にもつけたらいいんじゃないかと思われるでしょう。

答えはノーです。**初心者は超人気（＝ビッグ）タグをつけてはいけません。**

たしかに、ビッグタグは誰もが思いついたらすぐに検索するようなワードで、アクセス数も膨大です。その分、たくさんの強敵がいます。1投稿に数千いいねが当たり前といったインフルエンサーがゴロゴロいるわけで、そこで人気TOP9に入るなんて至難の業です。

さらに、インスタ初心者のあなたと、すでに投稿を重ねているライバルでは、見てくれる人だけではなく、インスタグラム側にとっても信用度が違います。

インスタグラム側ではすべてのアカウントに対して、アクセス数や投稿の視聴時間、いいね数、投稿に対するコメント数、プロフィールへ訪れた人の数やフォロワー数などいろいろな項目をAIが評価しています。インスタAIの評価がある程度高くないと、そもそも人気投稿にはあげてくれません。

こんなにハードルが高いビッグタグをわざわざ最初から狙うことはありません。

では、どうやってタグを選んだらいいのか。インスタ初心者には初心者なりの戦い方があります。次項でも引き続き解説します。

初心者でも最短で人気投稿がとれるハッシュタグの3STEP

レベルに合わせてハッシュタグを使い分ける

ここでは、あなたが効率よくタグの人気投稿をとれるハッシュタグ戦略をお伝えしていきます。

ハッシュタグは自身のインスタレベルによって使い分けることが、人気投稿への近道です。自身のインスタレベルをどう判断したらいいか。1つの目安がこちらです。フォロワー数1万人を超えてくると、いわゆる「インフルエンサー」といわれるベテランのレベルになります。

〈初級レベル〉フォロワー数が0～数千人程度
〈中級レベル〉フォロワー数が5000～1万人未満

〈上級レベル〉フォロワー数が1万人以上

また、ハッシュタグの使用率の規模から見た分類も整理しておきます。

〈ビッグ〉投稿5万以上の超人気タグ
〈ミドル〉投稿1万～5万未満の人気タグ
〈スモール〉投稿5000～1万未満のプチ人気タグ

それでは、インスタ初心者さんはどうやって、ハッシュタグブックの中から最終的にタグを選んだらいいか、順を追って解説していきましょう。

STEP1 スモール～ミドルのタグを狙う

前項でお伝えしたように、ビッグタグで初心者が人気投稿になるのはほぼ不可能です。

でも、**スモール～ミドルのタグなら、十分チャンスがあります。**とくに、スモールタグを中心につけていくことで、始めたばかりのインスタグラマーさんでも、十分に人気タグをとることができます。

一足飛びでビッグタグの人気投稿をとることはできません。まずはスモール、成功したら次はミドル、その次はビッグというふうに、階段を上がるイメージで進んでいってください。

STEP2　タグは合計10個まで

初心者が犯しがちな間違いに、「とりあえず思いつく限りたくさんのタグをキャプションに入れ込む」ということがあります。タグは30個まで入れられるので、数打てば当たる方式で、どれかヒットして人気投稿になるのではないかと。

残念ながら間違いです。

インスタAIは「ユーザーにできるだけ正確な情報を伝える」を使命として、人気投稿に上げるべき投稿をパトロールしています。検索したユーザーさんが「そうそう、これが見たかったの」と思ってくれる、確実な投稿を表示させたいんですね。

実際にやってみるとわかると思いますが、タグを30個つけるってなかなか大変です。ちょっとズレてるかなと思うタグも入れなくてはいけない。

ズレたタグを入れれば入れるほど、インスタAIに「あなたのアカウントってどういう内容なのかわからない」とマイナス評価をされてしまう可能性があります。

逆にタグを絞って、ズレのないタグだけで構成すると「専門性の高いアカウントだな」とインスタAIに判断されます。

具体的な例をあげましょう。たとえば、レディースアパレルのショップインスタで、商品Aに対して「#ワンピース」「#痩せ見え」「#肌がきれい」など思いつく限り30個のハッシュタグをつけたとします。

インスタAI側は「ここってアパレルのアカウントなのか、美容なのか、ダイエットなのか、なんだかわからないな。人気投稿には上げられないな」と判断してしまう可能性が高いのです。

ハッシュタグには最適な個数がある

では、いったいタグの数はいくつが正解なのでしょう。

答えは、**精査したスモールタグを5〜6個、ミドルを3個、ビッグを1〜2個**です。割合はスモールタグ多め。スモールのほうがミドルタグよりもライバルが少ない分、人気投稿がとりやすくなります。初心者はまずは、スモールタグの中で成功体験を積み、人気投稿がとれるとどんな変化が起きるのか、アクセス数や売上にどう関わってくるのかを経験してください。

スモールで人気タグがとれたら、次はミドルタグの割合を増やします。ここでも人気タグがとれたら、次はスモールタグをさらに減らし、ミドルを6～7個にしてビッグタグも増やしてみようか、というように、**自分の段階に応じて、階段を上がるようにタグの構成を変えていきます**。

STEP3　毎回使うハッシュタグを固定する

投稿のたびにタグが全然違う、いろいろなタグを使いまくっている方も多くいますが、最短で人気投稿をとりたいのであれば、**つけるハッシュタグは、すべての投稿で固定させてください**。

なぜ固定したほうがいいのか。

インスタＡＩには、これまでの投稿で使ってきたタグがすべて記録されています。このアカウントがどんなアカウントか、全投稿においてチェックしているのです。

毎回バラバラなタグをつけていると、インスタＡＩから「あなたのアカウントは何を専門にしているのか不明」と評価されてしまいます。

一方、すべての投稿に同じタグをつけ続けて固定化していると、「こういうタグもあるのですね、そしてあなたはこのタグの専門ですね」と、インスタＡＩが評価してくれます。


ハッシュタグ戦略はインスタＡＩの特性を知って、仲良く上手に付き合っていくことが重要です。


この３つのステップから選び抜いたハッシュタグを、投稿する写真のキャプションに加えればいいのです。すぐには結果が出なくても、根気強く続けてください。

お伝えした３つのステップは誰にでも簡単にできる戦略です。繰り返すことで、スモールのプチ人気投稿からミドルの人気投稿へ、そしてビッグの超人気投稿へとステップアップした生徒さんも実際に存在します。

インスタ運用は日々ＡＩが進化し変化していきます。今はこのやり方で私の生徒さんは結果を出していますが、今後最適な運用方法は変わっていく可能性があります。

しかし、今回お伝えしたものは、原理原則に近いものですので、この概念を覚えていただければ、時代が変わっても応用していくことができるでしょう。

ショップインスタの土台を作る「最初の9投稿」

最初の9投稿で世界観を伝える

インスタ投稿をスタートするときは、**初投稿を含めて最初の9投稿をどうするか、本気で考えてください。**

アカウントを見に来た人たちに、「ここはこういうネットショップなんだ」とわかってもらえるような投稿、「雰囲気があるな」「プロが作ったみたいな世界観のあるアカウントだな」と思ってもらえるような9投稿は何かを真剣に考えてください。**9投稿の企画が固まらない限りは、インスタを始めないでください。**

なぜ9投稿なのか。インスタは基本的にほとんどの人が、パソコンではなくスマートフォンで見ています。インスタのスマホアプリでは、画面に9個の投稿が表示される仕組みになっています。つまり、スマホ画面いっぱいにあなたの投稿を表示させたければ、最低9投稿が必要になります。

誰かがあなたのアカウントを見に来てくれたとき、投稿数が2、3個しかなかったら、あなたが表現したい世界観が相手に伝わるでしょうか。画面全面にきれいな写真が表示されるショップインスタと、空白が目立つすかすかのショップインスタでは、印象がまるで変わってきます。フォローしてくれる可能性がガクッと下がります。

こうしたチャンスを逃さないために、訪ねてきてくれた人にあなたのショップをよく知ってもらうために、**質の高い投稿を9個揃えてください。**できれば、訪ねてくれた人には画面をスクロールしてほしいので、18投稿揃えるのが理想的です。

この最初の9投稿が、1万フォロワーを目指すインスタ構築の**すべての土台になります。**土台がきちんとしていれば、未来のお客さま（＝見込み客）がショップインスタを見つけてくれたときに、フォローしてくれる可能性がアップします。

「UNUM―Design Layout & Collage」というシミュレーションアプリを使って、見え方を事前にチェックするのもおすすめです。それぞれの投稿の1枚目の画像の集まりで、世界観が決まります。このアプリでは実際に投稿したらどう見えるか、どんな雰囲気になるかをアプリ上で確認できます。

あなたを応援してくれる、良質なフォロワーを増やすテクニック

アクティブなフォロワーがショップ評価を上げる！

最短で人気投稿をとるためには、フォロワー数を増やすことも重要です。ある一定以上のフォロワー数がいないと、人気投稿をとるためのスタートラインに立つことすらできないといっても過言ではありません。

大切なのは、数だけ増えたらいいというわけではないこと。投稿をちゃんと見てくれて、**いいねやコメントを書き込みしてくれる良質なフォロワーを増やさないといけません**。そうでないと、最終的な目標である「ネットショップの売上」につながってくれません。

ではどうやったら、良質なフォロワーが獲得できるのでしょう。あなたのショップインスタを好きになってくれそう、ネットショップで買い物してくれそうといった、

あなたに好意的であろうインスタグラマーを探し出して、フォローしてくれるように積極的に誘導する必要があります。

　インスタグラマーは、行動の面から次の3つに分けられます。

①アカウントを作ったけれども見ていない人

②見る専用の人

③見ている、さらに投稿に対して反応する人

インスタＡＩは「エンゲージメント率」というものを見ていて、フォロワーの何割がいいねをしたか、チェックしています。そうすると、①の「インスタを見ていない人」や②の「いいねをする習慣のない人」がフォロワーにいると、エンゲージメント率が下がり、人気投稿に選ばれなくなってしまいます。そのため、①や②の人はむしろ、「フォロワーになってほしくない人」なのです。

　一番フォロワーになってほしいのは、当然③ですね。毎日インスタを開いています、よく投稿にいいねします、コメントもしちゃいますというインスタグラマーは、ぜひとも自分のフォロワーになってほしい。**③のフォロワーを増やせば自動的に、あなたのショップインスタへのいいねやコメントも増えるということです。**

こうした他人からのアクションをインスタＡＩは高く評価しますので、人気投稿への道もグッと近づいてきます。

こういったぜひともフォロワーになってほしい人へ、あなたのほうから先に「いいね」や「フォロー」をしましょう。これを「いいね回り」「フォロー回り」といいます。

それでは、いいね回り、フォロー回りをすべき人、つまり、あなたの未来の見込み客をどうやって見つけたらいいのか、最短で見つける方法を、順を追ってお伝えします。

あなたのほうからご挨拶「いいね回り」「フォロー回り」

STEP1　見込み客のインスタアカウントを見つける

あなたのネットショップとテイストや取り扱いジャンルなどが似ているショップのショップインスタをピックアップします。ネットショップだけでなく、実店舗も含みます。

もちろん、まるで同じということはないでしょうが、「方向性が近いな」という感じはフィーリングからわかると思います。

たとえばアパレルショップAのテイストがあなたのネットショップと近いなと感じたら、Aのインスタの「フォロワー」の部分をタップして、フォロワーリストを表示します。**この人たちはあなたのショップの見込み客。あなたとテイストが近いショップをフォローしているのですから、あなたのショップも気に入ってくれる可能性が大いにアリです。**

STEP2　見込み客の「最新の投稿」に「いいね」をしている人をピックアップ

見込み客はいわば、あなたが作り出す世界観を好きになってくれる人。その**見込み客の投稿に「いいね」をする人もまた、あなたの世界観を好きになってくれる可能性が高い人です。**

しかも「いいね」をしていることから、見る専門ではない、人の投稿にいいねをするという習慣がある人。③の人ですね。あなたの投稿をフォローしてくれて、頻繁にいいねをしてくれる可能性が高い人です。

なぜ「最新投稿」に反応している人でないといけないのか。

古い投稿に反応している人も、あなたの世界観を好きになってくれる可能性はなきにしもあらずですが、今時点においてアクティブにインスタをやっていない恐れがあります。ここは効率的に良質なフォロワーを増やしたいので、今時点で活発にインスタをやっている人に絞りましょう。

STEP3　STEP2でピックアップした人に「いいね回り」「フォロー回り」をする

さあ、最後の仕上げです。

STEP2でピックアップした人のアカウントにアクセスして、**あなたのほうから投稿への「いいね」や「フォロー」をします。**

自分の投稿にいいねをしてくれたら嬉しいですよね。フォローされると「●●さんからフォローされました」と表示が出ますから「誰かな?」と気になりますよね。いいねやフォローをしてくれたあなたのアカウントをチェックして、さらにはフォローバックをしてくれる可能性も高いです。

「いいね回り」「フォロー回り」は、あなたのフォロワーを増やすための積極的な行動です。自分で日々の投稿をするのと同時に、いいね回りとフォロー回りをするという行動も習慣づけてください。

ここで注意を1つ。インスタでフォローやフォローバックをしすぎたり、**DM（ダイレクトメール）を送りすぎると、インスタグラム側から「利用制限」「一時停止」といった規制がかけられてしまうことがあります**（通常は一定期間を経過すれば解除されます）。これは、スパムやトラブルを起こすアカウントを除外するためのインスタグラム側の防衛策なのですが、**とくに新規のアカウントは厳しめに監視されていますので、やりすぎ注意です**。連続でフォローすると制限されやすいので、フォローのペースを落として、時間帯をずらして30人ずつにするなど、工夫しましょう。

もし、インスタグラム側から何か警告が届いた場合は、フォローをやりすぎている証拠です。アクション数を下げましょう。

ネットショップのアカウントで、1000フォロワー、2000フォロワー増やすのは、かなり難しいことです。でも、**この3つのSTEPを実践して、数カ月で1000フォロワー、6カ月で1万フォロワーいきましたという生徒さんがいます**。ぜひあなたも実践して、効率よく良質なフォロワーを増やしてください。

インスタ集客成功の大前提「投稿の質を高める」

パワープレイは不要、1日1投稿で十分

ネットショップオーナーにとって、インスタはただのSNSではありません。インスタはあなたのショップの魅力を伝える雑誌で、あなたは雑誌の編集長です。編集長ならば、安易な投稿はできないはずです。

「ネットショップのアカウントなら、商品紹介しかすることはないいんじゃないの？」

そんなことはありません。読者は商品以外の情報もほしがっています。

たとえば、レディースアパレルのアカウントなら、コーディネートのアイデア、商品ではないけれど似合うバッグや靴を投稿してもいいかもしれません。世界観が同じ風景写真の投稿なども、アクセントになりそうです。編集長になったつもりで、**読者がどんな情報を求めているのかを考え続けるクセをつけてください。**

フォロワーやいいねを増やすテクニックをもう1つ。

投稿の中に**「明確な行動指示を必ず入れる」**クセをつけてください。「気に入ったらいいねしてくださいね」「コメントいただけると嬉しいです」等々。ひとこと添えるとアクションが大きく変わってくることがやってみると実感できると思います。

ショップ集客につながるからと、とりあえず毎日なんらかの投稿をしなくちゃと、1日3投稿はしよう、いや10投稿はがんばろうとノルマ化しようとするオーナーさんがいらっしゃいますが、私はおすすめしません。

なぜかというと、**インスタの投稿は「ひとつひとつが主役」**だからです。1つでも違和感のある投稿が混ざっていると、世界観が崩れていきます。

世界観をキープすることを意識しないで日々投稿を続けていくと、しだいに大きく世界観がズレていきます。フォロワーが離れていく、せっかく見に来てくれた人がフォローしてくれない、ネットショップの商品が売れない、売上が下がるといったことが起きてしまいます。

1日10投稿のパワープレイはいりません。それよりも1日1投稿でいいので、世界観を崩さないようにひとつひとつ吟味して投稿してください。

あとがき

2016年12月に、初めて「おうちでできるオンライン物販」をテーマにしたセミナーを主催してから今年で5年。自分自身のネット物販の経験を生かし、さらに諸外国のネットビジネス・スキルをも取り入れた講座は、悩めるママさんたちの「役に立ちたい」「幸せをつかんでもらいたい」、そんな変わらぬ思いで現在も続けています。

ネットショップ運営のノウハウを教える立場ではありますが、ときにはママさんたちが新しい世界にチャレンジする姿から逆に教えられることもたくさんありました。

時代の大変革を迎えた2020年からのコロナ禍。多くの人々は外出を自粛し在宅で仕事をするという急激な社会の変化を受け入れることになりました。

でも、この体験を通して、在宅でも仕事ができること、通勤から解放されてゆとり時間が増えたことを身をもって感じた方が多いのではないでしょうか。買い物は外に出かけずネットショッピングで、という意識もいっそう高まったように思います。全世界に打撃を与えたコロナですが、ネットショッピング業界にとっては成長への追い風になりそうです。

時代が変化しても安定した収入を得ることができる、まさにこれからの時代にぴったりな仕事が「おうちネットショップ」。その成功への手引きを最後まで読んでみていかがでしたか。

「ものを売るなんてしたことがない」という初心者の方にもわかりやすいように、写真や図版もできるだけ多く掲載し、まるで一緒に開店準備を進めていると感じてもらえるよう心がけました。すでに成功している生徒さんの意見も取り入れ、説明が足りないと思われる部分は補足をしました。「私にもできそうだな」「やってみたいな」、そんなふうに思っていただけたら嬉しいです。

でも、ここで大事なことをお伝えします。「おうちネットショップ」は決して楽をして収入が得られるものではありません。現在、月間利益150万円を達成している成功ママさんがいますが、最初の1カ月はわずか1万円だったそうです。実店舗でもオープン当初はまだお客さまは少ないものです。それはネットショップも同じ。BASEからのお知らせで誰かの目に留まることはあるかもしれませんが、それはまだ「通りすがり」のようなもの。ショップをオープンした当初は、なかなか売上が出ずに生徒さんの誰もがこれでいいのだろうかと不安な日々を過ごします。

毎日「購入されました」のお知らせを待っているうちに、自信がなくなりテンションも下がり、「自分には向いていないのかな」と途中で辞めてしまう人も少なくありません。

初月の利益1万円のママさんは「経験のないことをやっているのだから誰よりも努力しなければ結果は出ない」と思い、「1日10商品を出品する」という目標を立てて地道に出品作業を続けました。つまりひと月300商品の出品です。これは大変な努力です。

そこで私は、さらに、友人や家族、知り合いの意見を聞くようにアドバイスしました。すると翌月は3万円、さらにインスタグラム集客を取り入れて翌々月は30万円までアップしました。

初めてのことにチャレンジするわけですから、最初は誰もがうまくいかなくて当たり前です。誰もがぶち当たる「売れない」という最初の壁。でも、そこで諦めず、どうしたらショップを知ってもらえるか、商品の良さをアピールできるか、お客さまにファンになってもらえるかを考え抜き、行動することが重要なのです。

キーワードは第1章のコラムでもお伝えした「ビジネスは〝大切

な人へのプレゼント〟と同じこと」。まずは「相手の立場になって喜んでもらえるものを考える」、成功への秘訣は、この思いに尽きます。

本書でお教えしている手法は間違いなく結果が出せるものです。なぜ自信を持って言えるのか？　これまで多くの生徒さんが証明してくれているからです。

「商品を好きと言ってくれる人が現れました！」

「何点も買ってくれたんです！」

初めて売れたときのことを、誰もが嬉しそうに話してくれます。この喜びの瞬間から、もっと出品したいという気持ちが高まり、あれもやってみよう、これもやってみようという積極的な行動が生まれます。そこからショップは成長し、必ず収益につながります。この感動体験をぜひあなたにも味わっていただきたいと思っています。

じつは、本書をお読みくださった皆様へ感謝を込めて、おうちネットショップの成功を力強く後押しする「3つの特別なプレゼント」をご用意しました。次のページでご紹介していますので、ぜひご覧ください。

あなたの人生が、自由で喜びに満ちたものになることを、心より願っています。

おうちネットショップ専門家
山本祥輝

ここまで読んでくれたあなただけに
3つの特別なプレゼント！

私は**「自分の人生に制限を感じている女性が**
自分の好きな人生を自由に選択できる」ように
するためにこの本を出版しました。

本当はもっとたくさんのことを
お伝えしたかったのですが、
今回の書籍にすべて入れるには足りませんでした。

女性のあなたが
よりおうちネットショップで
幸せな人生を手に入れることができるように
ある**「プレゼント」**を用意しました。

プレゼント①

「出品文＆ショップ説明文
最強テンプレート」

本書で重要とお伝えしていた 無在庫ネットショップ専用の出品文＆ショップ説明文の「テンプレート」をダウンロードできます。
このテンプレートを活用していただければ、トラブルを回避しながら売れるネットショップになれます。

プレゼント②

書籍でご紹介した「無料ツール」の
「使い方＆コツ 動画レクチャー」

本書で紹介した無料ツール＆サイト「Canva」「remove.bg」「Place it」の具体的な使い方＆秘密のコツを動画で解説しています。

プレゼント③

子育てママでもできた!
「秘密のネットショップ集客法」

IT初心者の子育てママが、３ヶ月で月間利益100万円を達成することができた秘密のネットショップ集客法。

これらのプレゼントを含んだ
**「初心者でもすぐにできる！
売れるおうちネットショップ講座」**
を下記のQRコードから
プレゼントしますのでお受け取りください。
大切な読者のあなたへよしきからのプレゼントです◎

**プレゼントを
受け取る▶▶**

山本祥輝 Yoshiki Yamamoto

おうちネットショップ専門家
株式会社 be Giver 代表取締役

1992年 滋賀県生まれ。大学時代に経営者という道に憧れ、ネット物販のベンチャー企業に就職。2016年にネット通販でおうち起業するが、起業 2カ月後に販路の仕様がいきなり変わり、売上ゼロで不良在庫を抱え100万円以上の借金を負うことに。「このままではダメだ」と一念発起して、新しい手法を研究。これまでの失敗の経験から、在庫を持たない「おうちネットショップ®」を開発する。その後、月収2800万円を達成し、年商1億円レベルへ。「おうちネットショップ®」を在宅で仕事をしたい女性の方たちに指導し、まったくの初心者でも、それぞれの状況に応じて6カ月以内に月収30万円、50万円、100万円を達成させ、月収1000万円の子育てママさんも輩出する。

『人生に制限を感じている女性が 自分の好きな人生を自由に選択できる社会を作る』ことをミッションに、これまでに「おうちネットショップ®」を1万人以上の人たちに指導。

「通勤時間ゼロで最高に幸せです」、「ストレスフルな仕事から解放され自由を満喫しています」、「収入が二本柱になって家計的にすごく安心感が生まれました」、「自分の夢をかなえるために副業を本業にする決意をしました」といった多くの喜びの声が届いている。

少ない資金で　スキマ時間を使って　子育てをしながら　在宅ワーク
おうちネットショップ®

2021年 5 月31日　初版第1刷発行
2022年12月13日　　第2刷発行

著者　山本祥輝
発行人　津嶋 栄
発行　株式会社フローラル出版
〒163-0649　東京都新宿区西新宿1-25-1
新宿センタービル49F　+OURS内
TEL：03-4546-1633（代表）
TEL：03-6709-8382（注文窓口）
注文用FAX：03-6709-8873
メールアドレス：order@floralpublish.com
出版プロデュース　株式会社日本経営センター
出版マーケティング　株式会社BRC
印刷・製本　株式会社光邦

ISBN978-4-910017-14-3　C2034